가상자산,
당신이 놓치면 안 되는
세 번째 기회가 온다!

가상자산

당신이 놓치면 안 되는
세 번째 기회가 온다!

이서원 지음

매일경제신문사

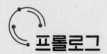

프롤로그

'요즘 월 소득 1,000만 원은 흔한 일 아닌가요?'

월천대사, 월천댁이라며 월 소득 1,000만 원을 희망하는 사람들이 많다. 그만큼 월 소득 1,000만 원은 선망의 대상이다. 하지만 코로나 이후 꼭 고소득 전문가가 아니더라도 새로운 분야에서 다양한 직군의 직업을 가진 사람들로 주변에서 어렵지 않게 만나볼 수 있다. 유튜버와 같은 크리에이터, 온라인 마케터, 쇼핑몰 운영자나 메신저 사업이라고 하는 지식창업 등 다양한 분야에서 새로운 수익을 창출해내고 있다.

누구나 새롭게 변화하는 시대의 트렌드를 읽고 익히면 한 분야의 전문가가 될 수 있고, 지식 격차, 정보 격차, 경험 격차를 통해 다른 사람들보다 한발 앞선 걸음으로 고소득을 올릴 수 있는 시대가 되었다.

예전의 평생직장 개념은 사라지고, N잡이라는 이름으로 한 사람이 여러 개의 수익구조를 가지고, 경제활동을 하는 사례들이 많아진 것도 달라진 풍경이다. 예를 들어 블로그 강의를 하면서 마케팅 강의도 하고, 취업 컨설팅도 할 수 있는 강사가 있다. 이 강사의 모든 강의를 살펴보면 물리적인 공간이 필요 없이 줌이나 클래스101 등 강의 플랫폼을 통해 온라인으로 진행한다. 정해진 한 공간에 모여 같은 시간에 진행되어야 한다는 고정관념은 사라지고, 어느덧 온라인을 통한 비대면 교육이나 세미나가 익숙해진 현실에 살고 있다.

코로나의 여파로 교육의 일례처럼 우리가 가지고 있던 고정관념을 벗어난 현상들이 나타나고 있다. 근무환경의 변화, 소비형태의 변화, 기업들의 AI기술의 발달 등 이제는 불과 2~3년 전의 트렌드도 마치 먼 과거처럼 세상은 빠르게 변화하고 있다.

신조어인 알파세대(2010년~2024년 출생한 아이들)는 태어난 순간부터 '디지털화'된, 특히 스마트폰이 파생한 모바일 문화의 영향을 직접적으로 받고 성장하며, 영유아기부터 스마트폰을 사용하는 세대다. 이들은 완벽한 디지털 환경 속에서 태어나 현금(지폐)은 명절 때나 받는 용돈으로 기억될 세대이기도 하다. 슈퍼에서 물건을 구입할 때 카드결제나 페이결제를 익숙한 모습으로 보고 자란 아이들이다. 동전과 지폐를 쉽게 볼 수 없는 환경에서 자라는 아이들이 많아지고 있고, 그만큼 우리의 결제 수단도 바뀌었다.

우리도 모르는 사이에 디지털화폐를 익숙하게 사용하고 있는 현실을 직시할 수 있다. 나라별로 CBDC(Central Bank Digital Currency)라고 하는 중앙은행에서 디지털화폐를 발행하려고 준비 중이다. 특히 우리나라는 기획재정부 신년 인사회에서 500조 원 이상의 정책금융 지원을, 이창용 총재는 중앙은행 디지털화폐(CBDC) 연구·개발 노력을 약속했다는 기사가 보도되었다.

웹 3.0시대로 접어들면서 더 투명해지고, 공정한 분배가 이루어지는 세상이 다가오며, DAO(Decentralized Autonomous Organization)라는 새로운 형태의 탈중앙화 자율조직이 늘어나고 있다. DAO는 자체적인 토큰을 발행하고, 전체적인 과정을 스마트 컨트랙트(Smart Contract)로 진행하며, 공동으로 투자하고 수익을 분배한다. 이 과정에서 수평적이고, 투명하게 조직을 운영하는 DAO의 수익분배는 자체 발행 코인이나 토큰이 된다. 앞으로 더욱 다양한 형태의 다양한 DAO들이 개발될 것으로 전망되기에 불확실성과 변동성이 크다는 이유로 터부시하기만 할 수 없는 분야가 바로 가상자산 파트인 것이다.

잠시 시계를 돌려 과거로 돌이켜 보면 서민이 부자가 될 수 있는 기회는 크게 두 번이 있었다. 1970년대에 강남이 개발된다는 소식을 들었던 복부인들이 묻지 마 투자를 하던 시기가 돈 벌 수 있는 첫 번째 기회였다. 그러나 이 정보는 우리들의 부모에게까지 돌아오지 않았다. 두 번째 기회는 1997년 외환위기로 IMF를 겪을 즈음 국가에서 IT 산업을 육성하고 집마다 인터넷 회선이 깔리는 시기였다. 그 당시 IT(Information Technology) 업계 기업에 투자했더라면 현재 우리의 경제 상태는 어떠했을까?

이제 세 번째 기회는 2008년 세계금융위기 이후 출현한 비트코인을 시작으로 확장되고 있는 가상자산 시장이다. 완전 초기 시장인 가상화폐, 암호화폐, 디지털화폐라고 불리는 가상자산 시장에 관심을 가져야 할 때가 바로 지금이다!

기술의 발달로 도래하는 웹 3.0시대를 공부하면서 자연스레 메타버스, NFT를 익히고, 시간이 날 때마다 알트코인도 하나씩 익혀간다면 미래의 부에 한 걸음 다가갈 수 있는 기회를 얻지 않을까? 현재의 시간을 어떻게 보내느냐에 따라 향후 10년 후 미래는 엄청난 차이가 날 것이다!

평범했던 주부로서 우연한 기회로 가상자산을 접하고 입문하면서 여러 시행착오를 겪었다. 묻지 마 투자로 실패의 쓴잔도 마셔보고, 작은 성공도 해보면서 느낀 것은 공부만이 살길이라는 확신이다. '세상에 공짜는 없다'라는 말이 있다. 새로운 분야를 공부하고 실전에 적용하면서 몸으로 배운 실력은 그 무엇과도 바꿀 수 없는 귀한 자산이 된다.

'빨리 가려면 혼자 가고 멀리 가려면 함께 가라'는 인디언 속담이 있다. 혼자서 공부하기 어렵다면, 시대의 흐름을 파악하고 미래를 준비하기 위해 함께 공부하고자 하는 사람들이라면 언제나 환영한다.

이서원

차례

도대체 인생이 뭐길래?

2장 가상자산으로 부자 되기 프로젝트

너는 손절하니?
나는 익절한다

가상화폐 소액 투자로
부자 되는 법

5장 코인 하나로 경제적 자유로 가는 법

도대체
인생이 뭐길래?

늦둥이 맘도
돈 좀 벌어봅시다

2010년 1월 15일 12시, 부산 ○○산부인과 분만실에서 한 남아의 우렁찬 울음소리가 들리면서 따뜻하고 보드라운 살갗이 내 얼굴에 닿았다. 핏덩이 아이를 보며 내 눈가에는 소리 없는 눈물이 하염없이 흘러내렸다. 얼마나 빨리 낳고 싶고, 보고 싶었던 아이였던가? 3남매를 자연분만으로 수월하게 낳았던 나인데, 늦은 나이에 막내를 낳기 위해 제왕절개를 선택한 이유는 무엇일까?

2009년 여름까지 나와 남편 그리고 아이들 3명은 24평 작은 아파트에서 알콩달콩 행복하게 살았다. 남편은 작은 교회 전도사로 봉사하던 터라 넉넉한 생활비를 기대하기 힘들었지만, 사명감을 가지고 주의 일에 최선을 다하는 남편을 볼 때면 흐뭇했다.

나는 경기도 분당 서현역에서 손해보험 대리점을 운영했다. 대리점 운영방식은 온라인 공간에 〈인슈플랜〉이라는 보험 안내용 홈페이지를 만들고, 광고를 통해 고객을 유입하는 방식이었다. 예를 들어 네이버에 '태아보험, 운전자보험' 등으로 검색하면, 홈페이지가 노출되어 고객들이 요청하는 보험상품을 안내해주는 일이었다. 상담을 원하는 사람들을 대상으로 보험 가입을 권유하다 보니 효율성이 높았다.

귀여운 아이들 셋을 키우면서도 운영할 수 있었던 보험 대리점은 3월이 최고 매출을 찍기 좋은 달이었다. 보험사 회계연도는 1월이 아닌 4월이기 때문에 상품 개정 등 여러 가지 이슈가 많다. 더구나 3년에 한 번씩 경험생명표가 변경될 때는 변경 전 보험에 가입해야 하므로, 유리한 상품에 가입하려는 사람들로 가입 문의가 쇄도했다. 영업하는 나에게 3월은 연중 최고의 매출을 올릴 수 있는 행복한 달이었다.

영업하다 보면 매출이 꾸준히 좋을 수는 없지만, 네이버에서 광고 방식을 변경하기 전까지는 다섯 식구가 먹고사는 데 부족함이 없었다. 그런데 네이버 광고 방식(CPC-click per click : 클릭당 광고)이 변경되면서 광고비로 새어 나가는 비용이 점점 많아졌다. 동종업계의 홈페이지를 일부러 클릭해서 광고비 지출만 늘리고 나가는 경쟁사들이 생겼기 때문이다.

나 홀로 운영하는 대리점이라 목표 매출을 달성하지 못했을 때는 철저하게 비용관리를 해야 했다. 매출이 적을 때는 지출을 줄여야 한다는 생각에 김밥 한 줄조차 먹는 게 아까워서 커피믹스 한잔으로 점심을 때우기도 했다. 삶이 팍팍하다 보니 집에서도 계란프라이에 김치찌개 하나로 끼니를 해결하는 날도 있었다. 그럼에도 온 가족이 둘러앉아 소박한 밥상을 마주하며 무탈하고 건강함에 감사했다.

넷째 출산으로 어려워진 경제 활동

이런 생활 가운데 예상치 않은 귀한 생명이 선물로 찾아왔다. 예기치 않은 새 생명은 7년 전에도 우리 부부를 찾아온 적이 있었다. 우리 부부는 아이 3명을 키울 자신이 없어 심각한 고민에 빠졌다. 그 당시 남편의 사촌 중 불임으로 경남 창원에서 서울 차병원까지 진료받으러 오던 동생 내외가 있었다.

'한 생명을 가지기 위해 저렇게 애를 쓰는데, 누구는 찾아온 생명이 필요 없다고?'

우리를 찾아온 생명을 반기지 않은 것을 깊이 반성했다. 종교를 떠나 우리에게 찾아온 귀한 생명을 버리면 안 되겠다는 생각에 이틀을 심각하게 고민하고, 우리 부부는 출산을 결심한 전례가 있었다. 그렇게 해서 찾아온 생명이 유일한 딸인 나의 셋째 딸이다.

이렇게 한 번의 경험이 있던 우리 부부는 이번에 찾아온 생명은 일말의 고민도 없이 지켜내야 한다는 마음으로 의견이 일치되었다. 줄줄이 사탕인 열한 살, 열 살, 일곱 살 아이들 밑에 늦둥이를 출산하겠다고 마음을 먹은 순간, 주변의 축하는 기대하기 힘들었다. 축하는커녕 "애만 나을 거냐? 무슨 대책 없이 사냐?" 등 날선 말들이 귓전을 때렸다. 욕을 안 먹으면 다행인 상황이었다.

온라인에 의존하던 보험 대리점도 매출보다 점점 광고비로 빠져나가는 비용이 커지고 있어 운영을 계속하는 것이 적합하지 않아 보였다.

그렇다고 오프라인으로 대면 영업하기에는 아이들이 어려서 맡길 데가 없었다. 아이들 3명도 손이 많이 갈 시기인데, 갓난쟁이까지 데리고 외부로 영업활동을 하기에는 무리가 있었다.

부산으로의 이사와 시어른들의 도움

고민하다가 부모님들의 도움을 받아야겠다고 생각했다. 건강이 좋지 않아 시골에서 서울대학병원으로 치료하러 다니시는 친정 어머니께는 부탁드리기가 어려웠다. 아무리 둘러봐도 의지할 데라고는 시부모님밖에 떠오르지 않았다. 도움을 받고자 남편이 어렵게 용기 내어 말씀을 드렸다. 시부모님께 맑은 하늘에 날벼락 같은 소식을 전하고, 시댁인 부산을 향해 무작정 짐을 쌌다. 마침 방학이라 아이들 셋이 할머니 댁에서 지내고 있었던 중이고, 여름방학이 끝나가고 있어 더 속도를 내었다. 아이들 셋도 고만고만한데 배 속에 아기까지 더해 도움을 받고자하니 뜻밖의 상황에 시부모님의 충격은 이루 말할 수가 없었다. 시부모님 입장에서는 얼마나 황당한 일인가? 갑작스레 마흔 넘은 큰아들이 식솔들을 모두 데리고 도와달라고 SOS를 요청하니.

우리 부부는 시부모님께 염치는 없지만 배 속 생명을 지켜야 한다는 한 가지 생각밖에는 없었다. 이 생명을 반드시 지켜내야 하고, 잘 키워야 한다는 생각만 했다. 그나마 2009년 2학기가 시작될 때 자연스레 전학시키는 것이 아이들에게 혼란을 덜 줄까 싶어서 번갯불에 콩 볶아 먹듯 부산으로 거주지를 급하게 옮기게 된 것이다.

남편은 그동안 정성으로 섬겼던 교회 봉사를 아픈 가슴으로 내려놓고, 부산에서 일반 일자리를 알아보기 시작했다. 바로 경제활동을 할 수 없던 나는 가시방석에 앉은 마음이었다. 죄인이 되어 뒷방으로 들어가 최대한 숨죽이고 지냈다. 정기검진을 받는 날이 되어서야 겨우 산부인과를 방문하는 것이 유일한 외출이었다. 산부인과를 방문할 때마다 "선생님, 아이는 언제 출산할 수 있을까요? 빨리 출산해야 하는데…" 하고 물었다. 얼른 낳고 출근해서 돈을 벌어야 했기 때문이다.

출산에 대한 이슈가 워낙 크다 보니 갑작스레 전학해서 환경이 바뀐 큰아들, 작은아들 그리고 유치원생 딸내미는 제대로 마음을 써 줄 여력이 없었다. 하루아침에 주변 환경이 변해 얼마나 힘들었을까? 친구들 사투리도 제대로 못 알아듣고 학교에 적응하느라 힘들었을 텐데 괜찮냐고 한번 물어보지도 못했던 것 같다. 지금 생각해보니 큰 아이들에게 미안해도 너무 미안하다.

정기검진 갈 때마다 출산 시기를 물으니 산부인과 의사가 보기에도 내 사정이 딱했나 보다. 하루는 양수가 조금 부족한 것 같다며 말을 흐렸다. 기회는 이때다 싶어 얼른 제왕절개 날짜를 잡아 달라고 부탁하고 출산하니 그날이 바로 2010년 1월 15일이다.

콜센터에서 근무하면서 경제적 안정을 찾다

2009년 여름, 부산에 내려오자마자 취업을 위해 일자리를 알아봤을 때 감사하게도 합격한 곳이 있었다. 예후○○○이라는 TM 회사로 서울과 부산 두 군데에서 콜센터를 운영하고 있었다. 그 당시 주로 판매하는 상품은 삼○화재 유배당 연금보험상품이었다. 아웃바운드로는 상품을 팔아본 적이 없지만, 내 코가 석 자다 보니 얼른 출근해서 일하고 싶었다. 회사 규정상 임신한 사람은 출근이 어려우니 출산 후 출근하라는 답변을 받았다. 나에게는 시간이 없었다. 출근하기 위해서는 하루라도 빨리 출산해야 했다. 의사에게 조르다시피 해서 제왕절개로 예정일보다 2주 이상 빠른 출산을 한 덕에 그만큼 출근을 앞당길 수 있었다. 상황이 그러하다 보니 출산하고 삼칠일도 지나기 전에 몸을 털고 일어섰다. 마지막 출산이라고 여유 있게 산후조리를 하며 호사를 누릴 처지가 아니었다. 핏덩이 막내는 시부모님께 내던지듯 맡긴 채 출산 후 2주도 안 되어 TM 센터로 출근했다.

그런데 핏덩이인 막내를 낳고 2주 만에 출근하다 보니 출근하고 얼마 지나지 않아 젖몸살에 시달려야 했다. 통증을 줄이기 위해 중간중간 쉬는 시간을 이용해 화장실에서 유축기로 짜야 했다. 짜낸 젖을 버리면서 소리 없이 흐르는 눈물이 나의 입으로 흘러 들어왔다. 유난히 그 눈물은 따뜻하면서 짰다. 눈물을 삼키며 막내를 잘 키워내기 위해서 돈을 벌어야 한다는 의지가 더욱 불타올랐다. 마음을 가다듬고 부스 안으로 돌아와서는 한 콜 한 콜에 정성을 다했다.

전화를 받는 고객들에게 소득공제용 연금상품이 가지고 있는 혜택들을 안내하는 데 온 힘을 기울였다. 그 당시 연금상품으로 받을 수 있는 소득공제 300만 원의 혜택은 기본이고, 납입 시 자동이체 1% 할인이 되는 부분과 무배당 상품이 아닌 유배당 상품의 장점까지 꼼꼼하게 안내했다. 전화를 받자마자 끊는 사람도 있었지만, 감사하게도 많은 고객이 목소리만 듣고도 선뜻 가입해주었다. 그렇게 하루가 지나고 이틀이 지나고, 차곡차곡 실적이 쌓이기 시작했다.

그렇게 첫 달 근무하고 받은 소득이 무려 460만 원이나 되었다. 늦둥이를 임신하고 출산하느라 좌불안석으로 마음 졸이며 지낸 시간에 대한 보답으로 받은 첫 월급으로는 너무나 감사한 큰 수입이었다. 첫 달은 무작정 열심히만 했다면, 두 번째 달에는 선배들은 어떻게 하는지, 고액 가입을 잘하는 다른 직원들은 어떻게 하는지 벤치마킹하기 시작했다. 시간이 지나면서 텔레마케터로서 셀링 포인트도 익혀가고, 클로징 스킬도 익히게 되었다. 매출과 함께 소득도 지속적인 성장을 하게 되었다. 신뢰가 간다는 고객들의 칭찬으로 추천과 소개가 이어지니 성취감으로 즐거웠다. 그토록 바라던 경제활동을 통해 성과를 내고, 안정적인 생활을 유지하니 얼마나 뿌듯했는지 모른다.

건강을 돌보지 않은
혹독한 대가를 선물로 받다

콜센터의 일과

아웃바운드 콜센터의 하루는 이렇게 진행된다. 출근해서 가볍게 차를 한잔 마시고, 전체 미팅을 마치면 바로 각자의 파티션 속으로 들어가 자리를 잡는다. 쇠털같이 많은 날 중에 하루인 오늘도 헤드셋을 끼고 전화선 멀리 있는 고객에게 미소를 보내며 통화를 한다. 어떨 때는 "여보세…" 인사도 하기 전에 끊기기도 하고, 어떨 때는 순순히 받아주는 고객과 통화를 하기도 한다. 하루 종일 순수 콜타임 3~4시간가량 통화를 하게 된다. 콜 연결이 잘 안되어 순수 콜타임(통화연결음을 제외하고 고객이 전화를 받아서 상담을 마친 시간을 모두 모아서 누적한 콜타임) 3시간 30분이 나오지 않으면, 연장근무를 하는 규정이 있어 퇴근 시간이 지나도 콜을 해야만 했다.

한 통 한 통 전화를 받는 고객마다 정성을 다해 상담하고 고객 입장에서 혜택이 어떤 것인지를 안내했다. 고객 만족도가 높아지니 자연스레 매출도 상위 클래스에 있었다. 열심히 콜을 돌린 보람으로 꽤 높은 고소득이 대가로 주어졌다. 월천여사가 된 것이다. 예상치 않은 고수익이 들어오다 보니 힘든 줄도 모르고 재미있게 일했다. 그때는 누구나 콜센터에서 근무하면 최소 300~400만 원은 벌 수 있는 시절이었다.

'돈은 이렇게 버는 거구나?' 싶었다. 돈이 잘 벌리는 그 시기에는 오히려 돈 쓸 시간이 없었다. 오전 9시에서 오후 6시까지 근무하고 퇴근하면 살림에 육아에 정신없이 시간이 흘렀다. 노동소득으로 고소득을 버는 대부분 사람이 돈 쓸 시간이 없다고 하는 말들이 생각났다. 나도 벌기는 하지만, 쇼핑하며 돈 쓰러 다닐 시간이 없었다.

나에게 찾아온 성대결절

그렇게 하루하루 성실하게 근무하던 어느 날, 갑자기 말할 때 목소리 대신 바람만 나오는 것이 느껴졌다. 감기에 걸린 것도 아닌데 쉰 소리가 나고 목에 통증이 느껴졌다. 따뜻한 물도 마셔보고, 목에 무리가 되지 않게 조심스레 통화를 해도 좀처럼 나아지지 않았다. 어쩔 수 없이 유명하다는 이비인후과를 찾아가서 검사받았다. 진단명은 '성대결절'로 최소 3개월 이상 쉬어야 지금 목소리를 유지할 수 있고, 무리할 경우 수술해야 할 수도 있다고 했다. 지금으로서는 목을 충분히 쉬어주는 게 가장 좋은 치료법이라 했다. 그렇지만 여유 있게 쉴 수 있는 상황이 아니었다. 매달 청구되는 대출금을 갚아야 했고, 고정적으로 늘어난 생활비를 갑자기 줄일 수도 없었다.

한 달이라는 짧은 휴식 후 다시 일선에 복귀해 아침부터 저녁까지 닭장 같은 부스 안에서 전화를 받아주는 다른 사람들에게 녹음기를 틀어놓은 듯 똑같은 말을 무한 반복하고 있었다. 이것이 내가 할 수 있는 최선의 노동소득을 버는 방법이었다. 별다른 대안은 없어 보였다. 다람쥐 쳇바퀴 돌듯이 내 삶은 어느새 아침부터 저녁까지 해야 할 일들이 순서대로 꽉 차 있었다. 중간에 어느 하나라도 빠지면 그다음 순서에 지장이 생기기 때문에 잠시의 여유도 부릴 수 없었다.

대식구가 여유 있게 살아갈 집으로 늘려가다

열심히 근무해서 번 수익으로 늦둥이를 맡아 키워주시는 시부모님께 생활비를 드리고, 추가로 시어머님께는 소액이지만 적금을 넣어드리고 있었다. 시부모님께서는 아이들을 위해서도 대가족이 넉넉하게 살 만한 2층 주택으로 이사를 하자고 하셨다. 우리 가족은 3대로 구성된 총 9명으로 보기 드문 대가족이다. 이사를 해서는 1층에는 우리 가족 6명, 2층에는 시부모님과 시동생 이렇게 나누어 살았다. 물론 대출을 끼고 마련한 주택이지만, 예전의 좁은 빌라에서 살던 때와는 완전히 다른 주거 환경이었다. 대출이 있으니 우리 부부와 시동생은 서로 마음을 합해 각자 일터에서 예전보다 더 열심히 일하면서 대가족의 생활비와 대출금을 착실하게 갚아나갔다.

늦둥이 출산으로 어쩔 수 없이 선택했던 부산행이지만, 두세 차례 이사하는 동안 부동산의 가치는 평수가 늘어나는 만큼 커지고 있었다. 24평 반지하 빌라에서 다 같이 지내기에는 턱없이 좁아서 56평 대지를 가진 2층 단독주택으로 이사를 한 것이 우리 가족 부동산 투자의 스타트였다. 빌라에 비해 공간에 여유가 생기면서 주말마다 둘째네, 막내네 조카들까지 모두 찾아왔다. 함께 모여 웃고 떠들다 보면 어느새 즐거운 잔칫집이 따로 없었다. 이웃들은 웃음이 끊이지 않는 우리 집을 보며 부러워하기도 했다.

이 집에는 작은 화단 겸 텃밭 공간이 있어 고추, 상추 등을 심어서 삼겹살을 먹을 때 바로 뜯어와서 싱싱하게 먹을 수 있었다. 또 넉넉한 마당이 있어 아이들은 마음껏 공을 차기도 했다. 김장 때는 온 가족이 둘러 모여 배추에 양념을 치대고, 수육을 삶아 소주 한잔을 기울였다. 부모님께서 편찮으신 곳 없이 건강하시니 걱정 없이 형제간에 화합도 잘되고 우애 있게 지낼 수 있어서 행복한 추억이 깃든 그런 집이었다.

그런데 이 집의 따뜻한 추억들을 기억 속에 정리하고, 어느 날 아버님께서 더 큰 집으로 이사 가자고 하셨다. 지금의 집도 훌륭한데 처음에는 왜 이사를 또 가야 하는지 이해가 되지 않았다. 하지만 아버님의 소원대로 우리는 56평 2층 단독주택에서 86평의 대저택으로 이사를 하게 되었다. 예부터 부산의 부촌이라 칭하는 대연동이고, 더구나 대연 5동은 큼직한 주택들이 많았다. 예전에 기업을 경영하는 경영자들이 많이 살았다고 한다. 우리 가족이 이사 갈 86평의 주택은 옛날 회장님 집이라고 했다. 그래서일까? 천장의 층고가 족히 6m는 될 법한 높은 복층 주택으로 방 9개, 화장실 3개, 주방 옆에 딸린 식모 방까지 있는 큰 저택이었다.

덕분에 우리 가족 9명은 각자 방을 쓰며 여유 있게 자기만의 시간과 공간을 즐길 수 있었다. 차 2대를 댈 수 있는 차고와 손질이 잘된 정원의 잔디는 볼 때마다 마음에 풍요로움과 여유로움을 선사했다. 정원에 철마다 피는 아름다운 꽃들, 꽃을 찾아 날아드는 나비들과 벌들을 보면서 마치 부자가 된 것 같았다. 높디높은 담에 CCTV까지 설치된 이 집은 그동안 살아왔던 다른 집들과는 확연히 달랐다. 아버님의 소원이 아니었더라면 이런 회장님 스타일 집에서 살아봤을까?

그 집은 지금도 기억이 난다. 둘째가 핸드폰 동영상으로 담아 놓았을 정도로 영원히 그 집에 안착하고 싶을 만큼 만족스러웠던 집이다. 10평쯤 되는 거실은 아이들이 실내에서 축구를 마음껏 할 정도였고, 차고에서는 탁구 칠 만큼 여유 공간이 있었다. 아이들이 떠드는 소음 문제, 주택에서 흔히 볼 수 있는 이웃 간에 주차 문제로 다투지 않아도 되었다. 마치 높은 성벽 안에 잘 지어진 궁궐 같았다. 누구나 보면 욕심이 날 만한 그런 집이었다. 이 집에 살면서 커다란 나무 대문을 열고 드나들 때는 어깨에 한껏 뽕이 들어갔다. 집에 대한 자부심이 가득했던 그곳의 추억을 떠올릴 때면 지금도 입가에 미소가 그려진다.

부동산 성공 투자 스토리 이면의 아픔

여러 번 이사를 하는 동안 우리 가족의 자산 가치는 늘어갔다. 성공적인 부동산 투자 스토리로는 손색없이 너무나 훌륭한 사례였다. 하지만 이사할 때마다 주택담보로 대출을 안고 매수했기에 하루도 편하게 쉴 수 없었다. 더구나 거주하는 2~3년 안에 담보대출을 상환하는 것을 목표로 삼아서 상환을 진행했기에 몸이 아파도, 힘들어도 월차 한번 편하게 낼 수 없었다.

힘들고 버거웠던 것은 나만이 아니었다. 3대가 어울려 살면서 살림을 도맡아 하신 시어머님께서도 커다란 집 청소와 관리에 아이들까지 챙기시기 버거우셨나 보다. 하루는 퇴근하니 "이제는 따로 분리해서 살자. 너네들은 너네들끼리 살아라" 하셨다. 그렇게 우리는 부모님의 의견을 따라 부모님으로부터 분리되어 따로 집을 얻게 되었다.

시부모님 그늘 아래 있다가 우리 가족들만 살다 보니 더 많이 신경 쓰고 챙겨야 할 것들이 많아졌다. 그즈음 큰아들에게 찾아온 사춘기는 나를 우주 밖으로 튀어 나가고 싶을 만큼 힘들게 했다. 형을 보고 따라 자라는 연년생 둘째는 너무 말이 없어 무슨 생각하는지 도통 알 수가 없었다. 유일한 딸은 엄마의 관심과 사랑을 목말라했다. 그러나 시간이 부족하다는 이유로, 피곤하다는 이유로 딸의 마음을 다 헤아려주지 못했다. 그럼에도 딸은 막내의 유치원 등·하원 시간에 맞춰 버스에 태워주는 등 나의 일을 도와준 아주 고마운 존재였다.

집을 늘려가는 동안에는 부동산 담보 대출을 상환하느라 친정 부모님을 찾아뵐 여유조차 없었다. 친정 어머니께서 대학병원에 입원하셔서 색전술을 하신다는 소식을 듣고 나서야 겨우 찾아뵐 수 있었다. 술 한 모금 입에 대지도 않으신 어머니께서 간암 판정을 받은 상태였다. 오래전 발견된 C형 간염으로 시작해서 간경화, 간암의 수순으로 진행한 것이다.

요즘 C형 간염은 몇 개의 알약으로 아주 간단하게 치료가 가능한 질병이라고 한다. 하지만 예전에는 의료기술이 그렇지 못했다. 암으로 진단받으신 후 2년여 동안 색전술과 방사선치료, 표적항암제로 치료받고 계신 상태셨다.

내가 늦은 나이에 임신한 사실을 말씀드렸을 때 유일하게 축하해주셨던 분이 친정 어머니셨다. "지 복은 다 지가 타고 나는 법이다. 그러니 낳아라" 하셨던 어머니의 생명이 희미해지고 있었다. 어머니의 희미한 촛불이 꺼지고, 얼마 지나지 않아 6개월 만에 친정 아버지마저 폐암의 증으로 돌아가셨다. 내 나이 마흔다섯 살에 부모를 잃은 고아가 되었다.

나에게도 찾아온 암

안 좋은 일은 겹쳐서 온다고 했던가? 부모님 두 분을 모두 잃고 2개월이 지날 즈음 건강을 체크해야겠다 싶어 생애 최초로 대장내시경을 신청했다. 평소 신경 쓸 일이 생기면 예민해서 그런지 화장실을 자주 가던 습관이 있었다. 자칭 '과민성대장증후군'이라고 생각하고 지냈다. 그런데 검진 결과는 예상을 뛰어넘어 직장암(C20)이라는 진단이 나왔다. 다행히 초기 발견이라 간단하게 종양 부위를 제거하고 CT 촬영과 대장내시경을 6개월에 한 번씩 추적검사만 하면 되는 상황이었다. 가벼운 초기 암에도 나에게 찾아온 충격은 생각보다 컸다. 어머니, 아버지가 암으로 6개월 만에 나란히 돌아가신 후 곧바로 나에게 찾아온 직장암! 초기 여부와 관계없이 '암'이라는 단어가 주는 무게감이 상당했다. 정신 줄을 잡기가 쉽지 않았다.

네 아이를 잘 키워내야 한다는 책임감마저 힘겨워 내려놓고 싶었다. 고객들에게 최상의 컨설팅을 통해 평생 후회하지 않을 보험을 안내해야겠다는 직업의식도 희미해졌다. 내 몸은 걸어 다니는 시체처럼 힘이 없었다. 직장동료의 소개로 방문한 마사지 샵에 엎드렸을 때 마사지해주는 분에게 들었던 말이 귀에 선하다.

"들어오실 때 멀쩡하시길래 괜찮은 줄 알았는데, 송장이 누웠는
줄 알았어요!"

나는 그렇게 산송장이었던 것이다. 이 상태로 누군가를 위한 보험 컨설팅을 하는 것은 욕심이라는 생각이 들었다. 하루 이틀도 아니고, 최소 3~30년까지 납입해야 하는 장기 상품이다. 특히 100세까지 보장받아야 하는 보험 상품을 이런 체력과 정신력으로는 올바른 컨설팅을 할 수가 없었다. 얼굴 한번 본 적 없이 전화 목소리만 듣고 믿어준 고객들에 대한 예의가 아니라고 판단했다. 건강상의 이유로 끝까지 함께하지 못함에 양해를 구하는 나에게 고객들은 오히려 나의 건강을 걱정하고, 어디에서든 잘 살라는 따뜻한 응원을 보내왔다. 책임을 다하지 못한 나에게 따뜻한 응원의 메시지를 보내온 고객님들은 감동 그 자체였다.

재산은 늘고 건강을 잃다

늦둥이를 출산하겠다는 일념하에 무작정 내려왔던 부산 살이! 대가족 살림이 시작되고, 넓은 집으로 평수를 늘려가며 자산은 늘었다. 대신 시어머님의 수고로움과 헌신이 대가로 필요했다. 나 또한 잘 살아내고자 하루도 쉬지 않고 악착같이 살아왔던 시간 속에 암이라는 진단을 받게 되니 모든 게 허무했다. 시부모님 덕분에 아이들 모두 건강하고 바르게 자랐고 재산도 늘었지만, 암이라는 선고 앞에서는 마치 사망선고를 받은 것처럼 세상이 암울해졌다.

코로나19가
휩쓴 빚잔치

"사람이 만일 온 천하를 얻고도 제 목숨을 잃으면 무엇이 유익
하리요."

《성경》마태복음 16장 26절에 나오는 말씀이다. 지금 나에게 가장
중요한 것은 아이들에 대한 책임의식, 고객에 대한 책임감, 가정경제에
대한 의무감도 중요하지만, 나의 건강과 정신을 챙기는 것이 그 무엇보
다 중요하다는 판단이 들었다. 나를 위한 힐링의 시간, 재충전의 시간
을 갖고자 결단을 내렸다.

식구들을 두고 2019년 12월, 두 눈을 질끈 감고 막내만 데리고 제주
도로 떠났다. 제주도 한 달 살이를 계획한 것이다. 온 가족을 부산에 두
고 떠나온 제주살이가 마음 편할 리 없었지만, 한 달만이라도 가정의
수뇌부에서 말단으로 내려가 살아보자고 선택한 길이었다. 그동안 하

루도 쉬지 않고 열심히 달려온 나에게 선물 같은 한 달을 선물하고 싶었다. 공기 좋은 제주에서 푹 쉬면서 재충전하고, 2020년을 새롭게 시작할 계획으로.

제주에서 누리는 힐링의 시간

제주도에서의 생활은 부산에서의 삶에 비해 조용하고 단조로웠다. 이른 새벽에 아침 식사하고, 등교 시간에 여섯 식구가 화장실 2개를 서로 빨리 쓰겠다며 북적이던 바쁨이 사라졌다. 느지막이 눈을 떠 아침 식사를 준비하고, 막내랑 둘이서 밥을 먹으니 설거지도 소꿉장난하는 기분이었다. 주방 정리 후 커피 한잔을 내려 커피와 함께 책 한 권을 손에 드는 여유로움이 좋았다.

평상시 같으면 숟가락을 내려놓기가 무섭게 엘리베이터를 잡기 위해 신발도 꺾어 신은 채 현관 문을 밀치면서 긴 팔을 뻗어 엘리베이터 버튼을 눌렀을 텐데. 주차장까지 뛰어가자마자 차에 시동을 걸고 최대한 빠른 속도로 주차장을 빠져나오는 007작전을 방불케 하는 일상이었다. 아이들을 태우고 아침 출근길의 복잡한 도로를 요리조리 차선을 변경해가며 곡예 운전했을 시간인데. 가장 일찍 등교하는 고등학교부터 중학교, 초등학교 앞에 아이들을 차례대로 내려주고는 직장에 늦을세라 턱걸이로 출근 시간을 맞추던 나였다. 불과 며칠 전까지의 내 모습이었다.

말로만 듣던 모닝커피의 향긋함을 느끼며, '이런 아침이 주부의 여유로운 일상이구나!' 하며 몸에 맞지 않는 여유로움이라는 옷을 내 것인

양 입어봤다. 갑자기 주어진 여유로움이 어색했다. 집안일이라고 할 만한 일도, 끼니를 챙겨야 할 가족도 없었다. 막내가 영어 수업을 마치면 그길로 NLCS(노스런던컬리지에잇스쿨 제주) 앞 축구장으로 갔다. 축구를 좋아해 혼자서 골킥 연습을 곧잘 하는 아들과 놀아주었다. 처음에는 골키퍼를 자청해서 막는 시늉만 하다가 골킥 실력이 점점 늘어나면서는 볼이 무섭게 날아와서 몸을 피하게 되었다.

거주하고 있는 제주국제영어도시 근처에 있는 마트에서 생활에 필요한 생수, 화장지 등 생필품을 구매하면서 현지인처럼 느껴졌다. 특히, 대정읍에는 5일마다 재래 시장이 서는데, 신선한 과일과 채소를 사러 가기도 했다. 가까이 있는 송악 도서관에서 책을 빌려 오기도 하는 등 관광객이 아닌 현지인처럼 생활하는 것이 좋았다.

드라마 〈이상한 변호사 우영우〉로 유명해진 남방큰돌고래들! 한번은 대정읍 미쁜제과 근처에 돌고래가 나타난다는 소식을 듣고 오후 내내 기다리다가 돌고래를 만나기도 했다. 수족관이 아닌 야생에서 수영하는 돌고래 떼들을 눈앞에서 볼 때는 환호성이 터져 나왔다. 현지인의 이야기를 들어보니 근처에 양식장이 있고, 그 양식장에서 방류되는 치어들을 먹으려고 돌고래들이 자주 나타나는 것 같다고 하셨다.

또한, 숙소 근처에 있는 곶자왈 도립공원은 산책로로서 별 다섯 개 이상을 주고 싶다. 세계 최고의 신선하고 맑은 공기라고 해도 과언이 아니다. 공기를 코로 들이마시는 순간, 폐를 통해 온몸이 정화되는 느낌은 길이길이 기억에 남을 추억이다. 공기 하나로 건강해지는 느낌과 에너지를 느끼며 제주러버가 되어버렸다. 명품 공기를 자연 속에서, 일상 중에 누릴 수 있는 행복은 제주가 주는 값진 선물이었다.

한 달 살이를 마치자마자 찾아온 코로나

여유로움과 건강을 찾아가는 과정 중에 한 달 살이는 막을 내리게 되었다. 제주에서 부산으로 돌아오는 날, 제주에는 비가 내렸다. 우리의 아쉬운 마음을 알아주기라도 하듯이. 김해공항에 도착하는 순간부터 고열과 목의 통증으로 링거를 맞으러 병원에 갔다. 설 명절 연휴가 시작되기 바로 하루 전이라 이날 링거를 맞지 않으면 몇 날 며칠을 고열 속에서 고생할 터였다. 그때는 PCR 검사 같은 것은 없었다. 그냥 엉덩이 주사 1대 맞고, 링거 맞고, 약 봉투 하나를 들고 집으로 돌아왔다. 동서들이 명절 음식을 하는 동안 명절 내내 마스크를 끼고 시댁에서 누워 있었다. 지금 생각해보면 그게 코로나가 아니었나 싶은데, PCR 검사가 활성화되지 않았을 때라 진단 없이 지나가게 된 것 같다.

며칠 후 뉴스 보도를 통해 전국은 코로나 바이러스의 위험성과 전염에 대한 두려움으로 가득했다. 한 달 살이를 하는 동안 미래에 대한 준비로 스터디카페를 해볼까 생각했었다. 부산으로 돌아오면 프랜차이즈별 시장 조사도 하고, 각 투자금이나 지역별 임대료, 손익분기점, 엑시트 시점에 대해 분석할 계획이었다. 그러나 코로나 상황이 되다 보니 스터디카페는 사업적으로 적합해 보이지 않았다. 활동의 제약과 모임의 제약이 따르다 보니 수익 실현은 쉽지 않았다. 그럼에도 일상적인 지출들은 꼬박꼬박 빠져나가고 있었다. 아무것도 하지 않아도 시계는 재깍재깍 잘도 돌아갔다. 시곗바늘을 붙잡아 두고 싶었다. 한 달 살이에 들어간 비용이 후회될 만큼 '괜히 했나?' 싶었다. 조금의 힐링은 되었지만, 에너지를 끌어 올릴 만큼 건강이 회복된 것은 아니었다. 당장 수익구조를 만들어야 하는데 쉽게 나갈 수 있는 체력도, 코로나로 취업의 길도 찾기가 더 어려워진 상황이었다.

원래 이렇게 지출이 많았나?

한참 자랄 청소년기인 사랑하는 우리 집 아이들은 잘 먹고 잘 자랐다. 코로나이니 집에 있는 시간이 많아지면서 하루에 3끼가 아닌 4끼를 먹는 경우도 다반사였다. 특별한 반찬 없이 원 푸드라도 입맛에 맞으면 밥 2~3공기쯤은 아주 맛있게 먹는 아이들이었다. 그래서 우리 집은 코로나 이후 엥겔지수가 상당히 높아진 대표적인 집이다. 경제적인 형편이 나아지지 않는다고 한창 클 시기인 아이들의 넘치는 폭풍 식욕을 자제시킬 수 없었다. 대신 식욕 강한 남편의 젓가락을 자제시킬 뿐….

고등학교 1학년이 되는 딸과 늦둥이 막내는 배우려는 학습 욕구가 컸다. 학교 수업에 도움을 받고자 영어, 수학 과외를 요청하고, 막내는 합기도, 피아노와 같은 예체능까지 배우기를 원했다. 배움에는 때가 있다는 생각에 아이들이 원하는 대로 학원을 등록해주었다. 그러다 보니 학원비가 차지하는 지출 또한 꽤 높았다.

명의만 내 집인 아파트 원리금 상환일도 어찌 그리 빨리 다가오는지, 세입자가 있어서 일부는 월세로 충당이 되지만, 나머지는 추가 지출해야 하는 비용도 수입이 없을 때는 고스란히 마이너스로 축적이 되었다. 작은 지출들이 모여 큰 지출을 이루고, 큰 지출이 모여 감당하기 힘들

정도의 무게로 삶을 짓누르는 압박감이 느껴지게 되었다.

의지와 상관없이 늘어난 빚으로 빚더미에 앉다

함부로 돈을 흥청망청 쓴 것도 아니고 단순히 살기 위해 먹고산 것뿐인데, 마이너스 금액은 눈덩이 불어나듯 무섭게 불었다. 재테크에만 스노우볼 효과가 있는 게 아니라 마이너스에도 스노우볼 효과가 있음을 확실히 체감했다. 그 위력은 어마어마할 정도로 커서 1년이 지나자 웬만한 직장인의 연봉만큼 쌓여 있었다. 내 몸 하나 챙기자고 떠났던 여행의 끝에서 시작된 코로나로 한순간 나는 빚쟁이가 되어 있었다. 물론 여행을 가지 않았다고 해서 상황은 달라지지 않았겠지만, 세계를 강타한 코로나 바이러스와 함께 혼돈 속에 빠졌다.

모두가 현명하지 못한 내 탓이라며 자괴감이 들고, 우울의 늪에 빠져들 즈음 20년 전이 생각났다. IMF 시기 서울 강남에서 근무할 때다. 미팅에서 "우리는 지금이 더 호황기예요!"라며 미소 짓던 한 고객의 말이 갑자기 떠올랐다. 모두가 위기라고 말할 때 누군가는 그 위기 속에서 기회를 찾는 사람들이 있다는 사실을 알게 된 것이다. 그렇다면 팬데믹이라고 불리는 작금의 시기에도 분명 살아낼 수 있는 길은 있으리라. 그 길을 찾으면 어려움을 극복해갈 수 있지 않을까 하는 희망을 품게 되었다.

다르게 살기로
결심하다

경제적 압박으로 찾아온 우울감

"외로워도 슬퍼도 나는 안 울어. 참고 참고 또 참지. 울긴 왜 울
어."

어릴 적 흑백 TV로 봤던 애니메이션 중 가장 좋아했던 〈들장미 소녀
캔디〉의 주제곡이다. 고아인 캔디는 입양을 가서 괴로움을 겪으나 안소
니, 테리우스와 같은 멋진 남자 주인공들과 러브스토리도 있고, 주변의
도움으로 캔디가 어려움을 극복해가는 과정을 그린 최고의 애니메이션
이었다. 캔디에게 힘든 일이 생길 때마다 흘러나왔던 주제곡을 들으며
자란 나는 오뚝이처럼 다시 일어서고 시작해야 함을 무의식적으로 배
웠던 것 같다.

삶이 힘들 때마다 나도 모르게 입에서 "외로워도 슬퍼도 나는 안 울어. 울긴 왜 울어" 하는 노래가 흘러나왔다. 나는 그랬다. 힘들고 괴롭다고 울면 안 되는 거라고 생각했다. 그리고 모든 책임은 다른 사람이 아닌 나의 책임이라고 믿고 살아왔던 것이다. 덕분에 슈퍼우먼, 의지의 한국인, 미소천사 등의 애칭이 붙었다. 그러나 건강이 무너지고, 마음이 무너진 상황에서 엎친 데 덮친 격으로 찾아온 코로나로 우울감이 급상승하고 있었다. 아무것도 할 수 없다는 자괴감과 무기력, 가정경제의 파탄에서 헤어 나오려면 특단의 조치가 필요했다.

마냥 주저앉아 있을 수는 없다

처음에는 유튜브를 통해 용기와 격려를 받을 수 있는 채널을 검색해서 보기 시작했다. 김새해 작가의 유튜브를 통해 잔잔하게 들려주는 희망의 메시지가 가슴을 울렸다. 다시 힘을 내볼 용기를 얻게 되었다. 알고리즘을 따라 조성희 대표의 채널로, 또 조성희 대표가 존경하는 켈리 최 회장님을 알게 되면서, 《파리에서 도시락을 파는 여자》라는 책을 보게 되었다. 빚 10억 원을 지고 세느 강에서 죽으려다 살기로 작정하고, 지금은 영국 300대 부자의 반열에 오른 켈리 최 회장을 따라 하기로 마음먹었다.

일단, 켈리 최 회장처럼 운동화를 신고 현관문을 열어 밖으로 나갔다. 바람에 따라 날리는 머리카락이 귓가를 간지럽히며, 한 걸음 한 걸음 떼면서 살아 있다는 에너지를 느끼는 전율의 시간이었다. 내가 살아 숨 쉬고 있음이 희망인 것을 알아차리고, 나의 두 팔로 나를 살포시 감싸 안아주었다. 위로가 필요할 때, 죽을 때까지 평생을 함께할 나 자신이 스스로에게 가장 큰 응원을 해준다는 사실을 알고, 나 자신을 귀하게 여기게 되었다. 정신을 가다듬고 내가 해야 할 일이 무엇인지부터 차근차근 생각해봤다.

나에게는 초롱초롱한 눈으로 바라보는 아이들과 말없이 믿어주고 늘 내 편이 되어주는 남편의 따뜻한 사랑이 있었다. 가족이란 이름으로 이렇게 하나의 공동체 안에서 엄마이지만, 자녀들의 응원을 받을 수 있고, 남편의 적극적인 지원을 받을 수 있는 나는 행복한 사람이 분명했다. 그렇게 가족들의 위로와 지지 덕분에 아팠던 마음의 상처도 치유되어 아물어가고 있었다. 이제는 코로나가 준 선물인 빚을 더 이상 늘리면 안 되는 절체절명의 순간이 왔다. 정신 단디('단단히'의 경상도 사투리) 차리고 코시국의 암울한 상황에서 탈피해야 한다.

나만의 멘탈 관리법(feat. 우울증에서 탈출하는 방법)

이 시기를 어떻게 벗어날 수 있을까? 전 세계적인 팬데믹 상황이 장기전으로 돌입하면서 직장에서 잘리는 실업자도 늘어나고, 소상공인들은 사회적 거리두기로 '나 죽겠다'며 폐업하는 상황 속에서 기업들도 세상의 변화에 발 빠르게 움직이고 있다. 전업주부인 내가 할 수 있는 일은 무엇이 있을까?

첫 번째, 나의 내적 성장을 위한 자기 계발 도서와 내적 치유와 내면 아이를 돌보기 위한 도서를 중심으로 읽는다. 두 번째, 변화의 흐름을 파악하기 위해 경제 관련 도서와 강연 세미나에 적극적으로 참여한다. 세 번째, 켈리 최 회장이 인스타그램을 통해 진행하는 끈기 프로젝트를 통해 끈기와 성공하는 습관을 몸에 익힌다. 하루 10분 운동, 하루 10분 독서, 시각화와 명상, 확언 등으로 나의 모닝 루틴을 체계화한다. 네 번째, 온택트 상황의 환경을 긍정 마인드로 받아들이고 적응하려 애쓴다.

이렇게 하루하루 내 삶에 드리워졌던 우울한 그림자를 걷어내고, 밝은 햇빛으로 나오기 위한 나만의 노력이 시작되었다. 책을 스승 삼아 깨달은 것을 적용하고 실천하면서 시행착오를 겪는 과정이 즐거웠다. 콩나물시루에 물을 부으면 다 빠져나가는 거 같으나 시간 속에서 자라는 것처럼 어느새 성장해 있으리라!

두고 봐,
반드시 성공할 테니까

마인드 장착으로 새 힘을 얻다

《뜨겁게 나를 응원한다》,《시크릿》,《생각하라 그러면 부자가 되리라》,《나는 4시간만 일한다》등 다수의 책을 읽어가며 마음을 다잡아 갔다. 특히《뜨겁게 나를 응원한다》와《시크릿》은 필사하면서까지 씹어 먹고 싶었다. 그중 내가 생각하고 원하는 대로 주도적인 삶을 살고 싶어 되새겼던 희망의 메시지가 있었다. 조성희 작가는《뜨겁게 나를 응원한다》에서 아무것도 가진 게 없다고, 삶이 너무 힘들다고 말하는 나에게 다음과 같이 말한다.

"내가 가진 것들을 써보자. 우선 '숨 쉴 수 있다'부터 써보자. 써 나가다 보면 내가 이미 가지고 있는 것이 50가지도 넘는다는 사실을 깨닫게 될 것이다. 내가 가진 것들에 한없이 감사하자. 당신은 더욱 감사할 일들을 끌어당기게 될 것이다."

과거를 탓하지 말고 현재 가진 것에 감사하며 살아 숨 쉬는 기적의 하루하루를 설계해본다. 주변에서는 나에게 "성공할 사람"이라며 듣기 좋은 칭찬의 말을 자주 한다. 성공할 사람이라는 희망의 말에 가슴 깊이 뜨거움이 올라오면서 내 입도 귀에 걸린다.

잠재의식에 가득한 유년 시절 주인공은 나아 나!

나는 전교생이 100명 남짓했던 시골 학교에서 6년 내내 반장과 개근상을 놓치지 않았다. 학교에서 진행하는 그림 그리기, 산문 쓰기, 웅변대회, 수학경시대회, 사전찾기대회 등 모든 대회에서 입상했다. 학교 도서관에서 책을 많이 읽었다고 다독상도 받았다. 그 시절에는 은행이 주변에 없어 학교에서 저축을 받아주던 시기라 저축상까지 상이란 상은 빠짐없이 받았다. 선생님들께 인정받고 귀여움을 받으면서 붙임성이 좋아 친구들과도 사이좋게 지냈다.

그러던 중 2학년 때는 〈한국일보〉에서 주관한 그림 그리기 전국대회에서 최우수상을 받았다. 시상식 장소가 서울 장충체육관이어서 서울로 상패를 받으러 가야 했다. 상 받으러 간다고 어머니가 시장에서 빨간색 샌들에 반바지를 사주셔서 이쁘게 차려입었다. 어머니는 물론 할머니, 할아버지까지 시상식장을 가기 위해 따라나서셨다. 대전에서 무궁화호 기차를 타고 서울 장충체육관으로 가는데 당시 교감 선생님께서 동행해주셨다. 시골 학교에서 최우수상자가 나오니 학교의 자랑이기도 했겠지만, 시골 양반들이 서울 가서 헤매실까 봐 배려해주신 게 아니었을까 하는 생각이 든다. 어릴 때 좋은 추억 덕분에 인정받는 것을 좋아하고, 한번 하면 끝까지 결과를 내기 위해 노력하는 DNA가 나의 잠재의식에 새겨져 있는 듯하다.

성공을 위한 몸부림

코로나 사태 속에서 무엇을 해야 좋을지 몰라 헤매고 있을 때 소자본으로 할 수 있는 온라인 쇼핑몰을 창업해보라는 권유를 받았다. "쇼핑몰을 창업해서 성공한 사람이 없다더라. 요즘 쇼핑몰은 레드오션이라 가격 경쟁으로 남는 게 없다더라" 등 부정의 말들로 만류하는 사람들이 있었다. 하지만 다른 사람은 몰라도 나는 성공할 것 같았다. 왜냐하면 성공인자를 가진 사람이라고 여겼으니까!

사업자등록과 통신판매업 신고 등을 마치면서 일사천리로 오픈마켓에 쇼핑몰을 개설했다. 쇼핑몰에 등록할 상품은 대량 등록 프로그램 제공업체의 교육을 통해 마우스 몇 번 클릭만 하면 자동으로 등록이 되었다. 위탁판매는 초도 물품 구입에 대한 비용 부담이 없어 쉽게 시작할 수 있다. 주문이 들어오면 그 주문을 공급업체에 전달하고 결제하는 시스템이라 재고에 대한 부담이 전혀 없었다. 더구나 배송도 직접 하지 않고, 공급업체에서 해주니 누구라도 편하게 쇼핑몰을 운영할 수 있었다. 다만 투입되는 노동력이나 에너지가 적은 만큼 마진율도 적어 큰 수익은 기대하기 어려웠다.

'쇼핑몰을 조금 더 확장해서 수익을 늘릴 수는 없을까?'를 고민하면서 뜻이 맞는 동기생들과 동업을 시도했다. 중국에서 직접 사입하면 더 많은 마진을 남길 수 있을 것 같았다. 눈이 빠지도록 적절한 상품을 찾아 애쓰고 사입하며, 상세페이지도 제작해서 직접 올리느라 고생이 많았다. 그러다 의견 차이가 생기면서 나의 첫 번째 쇼핑몰 도전기는 실패로 끝났다.

내가 선택한 성공방식

켈리 최 회장은 많이, 자주, 빨리, 돈을 적게 들이고 실패하라고 한다. 사람은 실패를 통해서 성장하고 배움의 기회를 얻는다. 실패하지 않았더라면 배우지 못했을 것을, '실패'라는 가면을 통해 배운다. 고통 속에 숨겨진 축복이 있는 것처럼 실패를 실패로 여기지 않기로 했다. 하나의 과정을 마스터하고 나의 삶이 업그레이드되었다 생각하기로 했다.

지금은 아무도 알아주지 않는 평범한 주부이지만, 세상이 나를 알아줄 수 있도록 나를 성장시키는 데 집중할 시간이라고 생각했다. 작은 실패를 통해서 사람을 만나는 인연의 소중함도 알았고, 모든 복은 사람을 통해 온다는 사실도 깨달았다. 나의 주변에는 선한 영향력을 펼치는 많은 사람이 있다. 최근 2년 새 주변의 모든 사람이 바뀌었다고 할 정도로 좋은 인연들로 가득하다.

귀한 깨달음 중 하나는 나라는 존재가 세상에 단 하나뿐인 소중한 존재이며, 무한한 가능성의 존재라는 사실이다. 나를 소중하게 여기고 인정해주면서 희망이 생겼다. 앞으로 성장해서 사회에 공헌할 나의 미래 청사진을 그리게 되었다.

두고 봐. 나는 반드시 성공할 테니까!

나는 아이들의
자부심이다

뜬금포 둘째의 유학 이야기

"엄마, 상의드릴 말씀이 있습니다. 이야기하실 수 있을까요?"
"왜? 무슨 일이 있는 거야?"

좀처럼 말이 없던 둘째 아들이 나에게 대화를 걸어왔다. 무슨 일이기에 고민 상담을 한다고 했을까? 자못 궁금해서 얼른 저녁이 되기를 기다렸다. 아들이 돌아오고 침대에 나란히 앉아 아들의 입이 열리기를 바라며 입만 쳐다봤다. 드디어 아들이 입을 열었다.

"엄마, 저 호주로 워킹홀리데이를 가고 싶어요. 가서 제가 돈 벌어서 호텔학교를 진학하고 싶어요."

"그게 무슨 말이야? 너 지금 대학교 1학년이잖아? 과 탑 해보겠다며 의지를 불태우고 겨우 1학기를 마쳤을 뿐인데. 그것도 네가 유럽 쪽으로 가고 싶어 하는 꿈을 담아 진학한 학교와 학과를 버리고, 새롭게 시작한다고? 엄마는 도무지 이해가 안 된다. 왜 시간 낭비를 하려고 하는 거야? 한 해 돈 벌고, 한 해 학교 다니려면, 대학교 졸업하는 데만 10년 걸리겠다. 왜 그렇게 해야 해?"

"엄마, 저는 제가 지금 다니고 있는 학교, 학과보다 진짜 해보고 싶은 분야가 호텔 관련 일이고, 검색해보니 호주에 전문 호텔학교가 있더라고요. 그래서, 워킹으로 나가서 한 해는 돈을 벌고 이듬해 공부하면 될 거 같은데 … 지금 다니는 학교를 중퇴하고 준비하면 안 돼요?"

"그래, 어렵게 호텔 관련 학교를 진학했다 치자. 지금처럼 또 안 맞아서 다른 것 하겠다고 하면, 시간 낭비가 심한 거 아니니? 지금 선택한 학과에서 좀 더 공부해보고 고민해본 뒤 결정하는 게 좋지 않을까?"

이런 식의 일방적인 대화를 한 뒤 아들의 꿈을 짓밟고 마음에 상처를 내는 내 모습이 한심했다. 뭐든 할 수 있고, 해볼 수 있는 스무 살의 꿈을 나의 테두리 안에 가두고, 이 테두리만이 정답인 양 아들의 생각을 존중해주지 못했다. 이유는 단 하나, 내가 수중에 여유가 없어서 나온 말들이었다. 국내에서 대학을 마칠 경우, 국가장학금의 혜택으로 저렴하게 배울 수 있는데, 이 좋은 기회를 버리는 것이 아까웠다. 또 다른 꿈으로 변할 수 있는데, 새로운 꿈을 굳이 해외에서 찾겠다는 아이의 생각을 받아주기보다는 내 주머니 상태를 먼저 살피게 된 것이다.

어릴 때부터 자기 욕심을 채우기보다는 다른 형제들에게 양보하던 둘째가 자신의 꿈을 향해 어렵게 입을 뗐는데 나는 단칼에 싹둑 잘라버린 것이다. 이런 못난 엄마인 내 자신이 한심했다. 그래서 '어떡하면 아들의 꿈을 지지해줄 수 있을까? 서포트 해줄 수 있을까?'를 고민하기 시작했고, 호주 호텔학교에 대해 검색하고 자료를 찾기 시작했다. 아들이 알아본 정보도 있었지만, 내 아들이 가서 공부할 곳이라면 직접 알아봐야겠다고 생각했다. 그렇게 알아본 학교는 블루마운틴 국제호텔경영대학이었다. 호주, 아시아 지역 호텔학교 중 1위, 전 세계 호텔학교 중에서는 3위에 랭크되었다(TNS Survey 2017). 감사하게도 한국에 입학 사무실을 운영하고 있어서 아틀라스코리아를 통해서 입학 상담 및 입학 절차를 안내받을 수 있었다. 아틀라스코리아 홈페이지에는 다음과 같이 학교가 소개되어 있었다.

"블루마운틴 국제호텔경영대학의 경영학사 학위과정은 각 3개월씩 총 10개 Term으로 구성되어 단 2.5년 만에 학사학위를 받을 수 있도록 설계되어 있다. 학생들은 입학 후 2학년까지는 실제 호텔과 흡사한 환경을 갖춘 루라 캠퍼스(Leura Campus)에서 실무와 이론을 함께 공부하며, 실제 호텔 산업을 체험할 수 있는 인턴십의 기회가 6개월씩 두 차례 주어진다. 마지막 6개월 동안은 호주 최대의 비즈니스 중심지인 시드니 캠퍼스(Sydney Campus)로 이동해 보다 심도 있는 경영학 이론을 공부한다."

둘째의 꿈을 위해 학교를 알아보고, 입학 과정을 준비하면서 부모로서 막중한 책임감도 있지만, 아이가 선택한 꿈을 스스로 찾아갈 수 있도록 자립심도 키워주고 싶었다. 워킹홀리데이로 중간에 시간을 낭비하는 대신 공부에만 집중하도록 들어간 학비는 지원해주되 나중에 취업해서 갚는 조건으로 아이와 이야기했다. 입학 절차를 위한 보험 가입, IELTS 테스트 등 모든 과정을 마치고 입학 신청이 이루어졌다. 그런데 입학 허가는 났으나 코로나가 심각해서 호주에서 입국을 허용하지 않았다. 아쉽지만 하나의 Term을 온라인으로 마칠 수밖에 없었다. 호주 국가 방침상 입국 허가가 언제 나올지 예측하기 어려워 국방의 의무를 먼저 하는 것이 좋겠다 싶어 지금은 군 복무 중이다. 이 글을 쓰고 있는 지금은 하늘길이 열린 상태라 제대 후 출국을 계획하고 있으며, 부대에서 꾸준히 영어 공부를 하고 있다.

보석 같은 4개의 보물

눈이 크고 아름다운 큰아들은 아버지를 닮아 교회에 봉사하는 자기의 소명 의식이 있다. 가치 있는 일에 헌신하고 보람을 느끼며 활동하고 있으니 감사하다. 하나밖에 없는 사랑스러운 딸은 어린 나이 같지 않은 지혜로움을 가지고 있다. 자기 마음을 살필 줄 알고, 주변 친구들의 고민 상담도 곧잘 해서 친구들로부터 인기도 많다. 본인이 원하는 삶을 살기 위해 꿈을 찾아 세상에 한 발씩 내딛고 있다. 막내 늦둥이 아들은 아직 초등학생이지만, 어느새 나의 키를 훌쩍 넘어섰고 변성기도 온 상태다. 제법 사나이다운 모습으로 건강하게 성장하고 있다. 축구선수가 될 생각에 꿈에서도 가슴이 두근거린다는 막내는 유럽에서 뛰는 꿈을 품고 일대일 레슨 중이다.

이렇게 4개의 아름다운 보석을 선물 받아 아이들의 성장을 지켜볼수 있음에 감사하다. 나는 다짐한다. 이렇게 귀한 아이들의 자랑이 되겠노라고. 자식을 잘 키워 부모로서 받는 영광의 자리도 좋겠지만, 아이들의 입에서 "저는 우리 엄마를 존경해요. 엄마의 자녀인 게 자랑스럽습니다" 할 수 있는 엄마가 되고 싶다. 나는 사랑하는 아이들의 자부심이다.

2장

가상자산으로
부자 되기 프로젝트

코인,
저도 해야 할까요?

늦둥이 맘으로서의 책임감과 무게

"서원아, 시간 되면 차 한잔 마시자."

아주 오랜만에 십년지기 친구로부터 한 통의 전화가 걸려 왔다. 우리는 늦둥이 동지로 내가 우리 집 막내를 출산하고 핏덩이를 내팽개치고 출근하던 TM 센터에서 만난 동갑내기 친구다. 친구와의 첫 인연은 친구가 사정이 있어 임신이 어려운 상황에서 시험관 아기를 할까 말까 고민하고 있었을 때 만나게 되었다. 출산하면 마흔인데 늦은 나이에 출산과 육아가 모두 고민이던 친구였다. 나도 막내를 서른여덟 살에 낳아 산부인과에서 '주의 산모'라는 빨간 딱지를 침대 앞에 걸었다. 아이를 가졌을 때의 고충을 이야기하며 나도 했으니 너도 할 수 있다며 용기를 주었다. 응원받은 친구는 시험관 아기를 통해 눈에 넣어도 안 아픈 귀엽고 사랑스러운 생명을 낳았다. 출산과 육아로 푹 빠져 살던 친구라 바빠서 자주 연락은 못 하지만, 오랜만에 만나도 언제나 시간 가는 줄 모르고 늦둥이들 자라는 이야기로 웃음꽃을 피우던 친구에게서 연락이 온 것이다. 당연히 어찌 지냈는지 근황도 궁금하고, 얼굴도 보고 싶어 2021년 연초에 김해의 한 카페에서 만났다.

"서원아! 우리가 막둥이들 잘 키우려면 어떻게 해야 할까? 앞으로 10년 이상은 경제활동을 해야 아이들이 대학에 들어갈 때까지 뒷바라지해줄 수 있을 것 같은데 … 우리 나이가 있어서 노후까지 생각하면 지금부터 뭔가를 준비해야 할 것 같지 않니?"

"맞지. 매스컴에서 늘 100세 시대니, 고령화 시대니 하니까. 평균수명은 점점 늘어나고 있고, 우리 부모님 세대와는 완전 다르지. 지금까지 살아온 세월보다 우리가 살아갈 시간이 훨씬 더 길걸? 앞으로 어떻게 준비해야 할지 고민이 되긴 해. 너는 뭐 준비한 거 있니?"

우리는 공통의 고민이 있었다. 늦둥이들이 최소 대학을 졸업할 때까지의 학비와 독립할 수 있도록 돕는 일이었다. 나에게는 아름다운 보석이 4개나 있지 않은가? 각각의 보석이 반짝일 수 있도록 돕기 위해 엄마로서 책임이 막중하게 느껴지는 시점이었다.

'가상화폐'라는 새로운 정보를 듣다

"그래서 말인데 내가 알게 된 회사가 있어. 한번 들어볼래?"

친구는 코○볼이라고 하는 화장품 회사를 설명했다. 세계 최초로 개인별 피부에 따라 매일 맞춤 화장품을 개발하고, 자체 플랫폼과 생산라인까지 구축했단다. 화장품을 담는 용기는 일반적인 병이 아니라 캡슐처럼 생긴 볼에 담아서 쓸 때마다 터트려서 신선하게 사용할 수 있다고 했다.

감자 전분으로 만든 친환경적인 외피로 환경을 보호하는 회사에서 투자자를 ICO(Initial Coin Offering) 형태로 모집한다는 말이었다. 지금 ICO에 참여하게 되면, 상장 후 어느 정도 수익을 기대할 수 있고, 가치가 오를수록 노후에 대한 준비도 가능할 것 같으니 정확하게 알아보라는 뜻을 전했다.

"그런데 도대체 코인이 뭐꼬? 화장품이랑 코인이랑 무슨 관계
가 있는 거야? 아직도 돈이 묶여서 원금 회복이 안 된다고 하던데
함부로 투자해서 되겠나? 아서라. 어여 니 돈 빼고 열심히 일해서
돈 벌자."

예전에 주변에서 코인 다단계로 돈이 묶였다는 사람들 소식을 들은 적이 있었다. 코인 시장에는 함부로 발을 들여서는 안 된다는 생각이 지배적이었고, 노동 소득이 가장 정직한 소득이라고 믿었던 나다.

구글이나 유튜브를 통해 캡슐형 화장품의 차별성과 기존에 화장품 용기가 가진 문제점이 무엇인지 찾아봤다. 기존 화장품 용기는 워낙 화려하고 두꺼워서 폐기 시 환경오염 문제가 가장 심각하고, 구매할 때도 화장품보다 화장품 용기 가격이 더 비쌀 정도여서 화장품이 아닌 비싼 쓰레기를 샀다는 기사가 있었다. 화장품 뚜껑을 여닫으며 찍어 바르면서 손에 있는 수만 개의 세균이 화장품과 함께 피부에 닿는 모습에는 그동안 피부에 좋으라고 바른 것이 과연 무엇이었나를 생각하게 했다.

그에 반해 코○볼은 '코스메틱+볼(cosmetic+ball)'의 합성어로, 외피를 감자 전분으로 만드는 데 성공했다. 국내뿐 아니라 세계적인 특허를 가지고 그 특허를 전 세계에 공유해서 환경 오염 문제의 심각성을 함께 대비하자는 큰 뜻을 품었다. 외피 주원료가 감자 전분이다 보니 쓰고 땅에 버리면 흙이 되고, 바다에 버리면 물이 되어 환경오염에 전혀 문제가 되지 않는 장점이 있다. 사용할 때마다 바로바로 터트려서 사용하기 때문에 신선한 화장품을 바를 수 있다는 장점까지 매력적인 기술을 가진 회사였다.

글로벌 시장을 공략하기 위해 결제 시스템을 일반 페이팔 같은 카드나 송금 시스템이 아닌, 암호화폐 페이먼트(cryptocurrency payment) 구축을 위해 가상화폐를 발행했다고 했다. 암호화폐 시장은 전 세계 24시간, 365일 거래를 할 수 있기 때문에 핸드폰만 있으면 그 누구라도 어디서든 거래할 수 있기 때문이다. 결제의 편리성과 적은 수수료의 이점으로 가상화폐를 결제 시스템으로 정한 것이다.

과연 코인 투자를 해야 할까, 말아야 할까?

　직접 검색한 자료들을 정리하다 보니 특허받은 기술로 친환경 화장품 외피를 만들었다는 코○볼이라는 회사에 관심이 갔다. 부정적으로 생각했던 가상화폐를 긍정적으로 생각하니 웹 3.0시대에 합리적인 결제 도구가 될 것 같았다. 하지만 당장 ICO에 참여하자니 투자에 대한 확신이 없고, 안 하자니 시대에 뒤처질 것 같고 고민이 되었다.

　이럴 때는 어떤 선택을 하는 것이 현명할까? 잘 모르는 분야이니 무턱대고 뛰어들기보다는 시간 여유를 가지고 투자 여부를 스스로 판단할 수 있는 실력을 갖추는 것이 중요하다고 생각했다. 그러려면 블록체인과 가상화폐, 웹 3.0시대에 관심을 두고 공부해야 한다는 결정을 내렸다.

가상화폐 왕초보,
뭐부터 준비할까요?

Red Queen Effect

코로나 팬데믹 이후 지금은 투자와 미래에 관한 공부 없이 자산을 늘리기란 쉽지 않다. 부모님 세대에는 땅 몇 마지기만 있어도 시골에서 남부럽지 않게 자녀들을 교육 시키며, 농사지은 돈으로 도시의 주택을 살 수도 있었다.

일례로 충남 공주에서 농사지으시던 친정 부모님은 대전 유성고 앞에 단독주택을 구입해서 도시에 사는 사람에게 전세를 놓으셨다. 대전에 집이 있던 덕분에 우리 형제들은 중학교 이후 고등학교 때부터는 대전으로 진학해 자취생활을 시작했다. 대전 집 덕에 남의 눈치 안 보며 고등학교, 대학교를 편안하게 다닐 수 있었다.

1980년대는 산업발전이 활성화된 시기여서 물건을 만들기만 해도 만드는 족족 팔리는 시대였다. 따로 마케팅이랄 것도 크게 필요치 않았다. 더구나 금리도 15% 이상 고금리 시대라 은행에 저축만 해도 노후를 위한 미래가 보장되는 시기였다. 하지만 지금 우리가 직면한 현실은 그때와는 완전히 다르다. 2023년 1월 29일 부동산 R114에 따르면 매매가격 평균이 평당 4,235만 원으로, 현재 서울의 25평 아파트 기준으로 10억 원 정도다. 연봉 5,000만 원을 받는 직장인이 20년을 한 푼도 안 쓰고 꼬박 모아야 마련할 수 있는 상황이다. 더구나 대출금리는 높아지고, 급여는 오르지 않는 현실에서 직장생활만으로 아이들을 키우며 내 집을 마련하고 노후까지 준비하는 것은 사실상 불가능에 가깝다. 그래서일까? 결혼도 점점 늦게 하는 추세이기도 하지만, 우리나라 출산율이 0.75%라는 데이터를 보면 알 수 있듯이 인구절벽이 눈앞에 다가오고 있다. 그만큼 우리는 미래가 불투명한 시대를 살고 있다.

하지만 현실이 절망적이라고 해서 나의 삶을 포기할 수는 없다. 세상이 변하는 변곡점을 자세히 들여다보면 그때마다 기회가 있었다. 급변하는 현실 속에서 기회를 찾고 적응하며 살아남기 위해서는 '평생 공부'가 필수인 시대가 온 것이다. 루이스 캐롤(Lewis Carroll, Charles Lutwidge Dodgson)의 《거울나라의 앨리스》에 '붉은 여왕 효과(Red Queen Effect)'가 나온다.

앨리스가 숨을 헐떡이며 붉은 여왕에게 묻는다.
"내가 살던 나라에서는 이렇게 달리면 벌써 멀리 갔을 텐데."

붉은 여왕은 답한다.

"그나마 힘껏 달렸으니 제자리에 있는 거란다. 나무를 벗어나려면 지금보다 2배는 더 빨리 달려야 해."

이제까지 달려온 속도보다 2배 더 빠르게 달려야 앞서갈 수 있는 시대가 온 것이다.

처음 접하는 가상화폐 낯설기만 하다

우리나라 핀테크 회사인 다날에서 발행한 페이코인이 있다. 이정재가 TV 광고를 하면서 세븐일레븐, GS25, CU, 이마트24 등 편의점을 시작으로, 결제할 수 있는 상점은 6만여 개에 달한다. 페이코인을 통해서 도미노피자, KFC, 매드포갈릭 등에서 음식값 등을 결제할 수 있게 되었다. 이렇게 폭넓은 사용처 덕분에 누적 이용자 수가 150만 명 정도다. 그럼에도 기존에 사용하던 결제수단을 가상화폐로 대체하려면 더 많은 인지도와 시간이 필요할 듯하다. 그러나, 개인에 비해 금융기관들

| 자료 2-1 | 가상자산 커스터디 관련 기사

은행권 '가상자산 커스터디' 본격화…미래 먹거리 확보 '치열'

f ⓣ ⓑ 김태환 기자 입력 2021.11.06 12:00

[아이뉴스24 김태환 기자] 미국 등 선진국에서 은행들이 기관투자자들을 대상으로 하는 가상자산(암호화폐) 커스터디(수탁) 서비스에 잇따라 진출하고 있다.

국내에서도 KB국민은행과 신한은행, NH농협은행 등이 가상자산 업체에 지분투자 형식으로 투자를 단행하는 등 관련 시장 문을 두드리고 있다.

출처 : <아이뉴스24>

의 움직임은 다른 양상을 보인다.

2021년부터 국내 대형 은행을 중심으로 커스터디(custody, 금융자산을 대신 보관 및 관리해주는 서비스) 사업 진출이 활발해지고 있다. 은행권에서 가상자산 수탁에 관심을 보이는 것은 기존에 하던 사업과 가장 접점이 크다는 관점이 있다. 은행 관계자는 "수탁사업은 사실 기존 은행에서도 해오던 업무이기 때문에 상대적으로 손쉽게 접근할 수 있다"면서 "디지털 자산(CBDC)을 활용한 금융 시장이 본격적으로 열리기 전 은행의 미래를 대비한 수익 다각화 방안으로 커스터디 사업은 기초가 될 것"이라고 발표했다.

| 자료 2-2 | 가상자산 거래소 관련 기사

대형증권사들 내년 '상반기' 가상자산거래소 설립키로

기사입력 : 2022년08월22일 15:23   최종수정 : 2022년08월23일 10:43

가 +   가 -   프린트

NH·KB·신한금융투자 등 대형사 참여
올해 말 예비 인가 및 법인 설립 신청 완료 예정

[서울=뉴스핌] 유명환 기자 = 국내 증권사들이 내년 상반기에 가상자산거래소를 운영하기 위한 작업에 들어 갔다. 국내 대형 증사들이 올해 하반기 금융당국으로부터 인허가 및 설립 절차를 밟고 있는 것으로 확인됐다. 금융투자협회 주도의 가상자산거래소가 사업모델 뿐만 아니라 각 증권사별로 독자적인 사업을 모색하고 있다.

출처 : <뉴스핌>

2022년 8월 22일에는 우리나라 대형 증권사들이 가상자산 거래소를 운영하기 위한 작업에 들어갔다는 기사가 발표되었다. 다시 오보라는 기사가 뒤를 이었지만, 가상자산 시장의 공식화를 인정하는 기사였다고 본다. 대형 증권사들이 가상자산 거래소 설립을 추진한다는 것은 가상자산이 더 이상 그늘에 있는 마이너 자산이 아니라는 이야기다. 주식과 같이 가상자산도 투자의 한 축을 담당하게 될 것이다.

독자 여러분은 '가상자산'이라는 단어가 생소하고 낯설게 느껴질 것이다. 혹자는 "진짜 돈으로 왜 가짜를 사냐?"라고도 물을 정도니까. 하지만 메가 트렌드인 화폐의 패러다임이 어떻게 바뀌는지 눈여겨봐야 한다. 큰 물결의 흐름 속에서 중심을 잡고 잘 헤엄치기 위해서는 변화를 수용할 줄 아는 마음 자세가 필요하다. 새로운 것을 받아들일 수 있는 오픈 마인드가 중요하다.

공부는 어디서 어떻게?

막상 가상자산을 공부하려니 어디서 정보를 얻고, 공부해야 좋을지 몰라서 우왕좌왕하기도 했다. 현재 가상화폐 시장은 전 세계적으로도 이제 그 서막이 열리는 수준이기 때문에 전문가를 찾거나 스승을 찾기가 쉽지 않은 실정이다. 그래서 나는 전문가가 되어야겠다는 생각에 그 분야의 책을 최소 10권에서 최대 100권을 읽어야겠다고 생각했다. 그리고 유튜브를 스승으로 삼아 하나씩 공부해보기로 했다.

참고한 책

《가상화폐 기본도 모르고 할 뻔했다》
《가상화폐 단타의 정석》
《김미경의 리부트》
《메타버스 새로운 기회》
《메타버스, 이미 시작된 미래》
《세븐 테크》
《암호화폐 전쟁》
《웹 3.0 레볼루션》
《질서 너머(인생의 다음 단계로 나아가는 12가지 법칙)》
《초예측, 부의 미래》
《컨버전스 2030》
《코린이를 위한 친절한 가상화폐 투자》
《클라우스 슈밥의 위대한 리셋》
《특이점이 온다》
《한 권으로 끝내는 코인 투자의 정석》
《2030 축의 전환》
《10년 후 100배 오를 암호화폐에 투자하라》
《NFT 레볼루션》
《NFT 사용설명서》

참고한 유튜브

끝판대장 투자의 모든 것
리해남TV
매억남 – 매달 1억 버는 남자
비트코인 돈복남TV
신의 두뇌 – 비트코인 경제TV
지혜의 족보
찰리브라웅
칠전팔기
코인소년

참고한 텔레그램

블록미디어
암호화폐 정리노트
코인데스크 코리아

참고한 강의

MKYU의 안유화의 가상자산 완전 정복하기

공부했으면 실전에서 적용해보기
- 거래소 계정 열기

기본적인 가상자산에 대해 이해가 되자, 실제로 거래하기 위한 거래소 등록부터 해봤다. 국내에서 가장 유저가 많은 업비트에 계정을 만들고, 코인을 매수·매도하기, 다른 사람 지갑으로 계좌 이체하듯이 코인 보내고 받아보기 등을 실제로 해봐야 내 것이 된다.

1 거래소 개설하기

| 자료 2-3 | 업비트 로그인 화면

출처 : 업비트

① 두나무가 운영하는 업비트는 카카오 계정만으로도 쉽게 가입할 수
  있다.

② 기본정보, 필수정보, 신분증 인증과 계좌 인증을 순차적으로 하면
  된다.

③ 업비트에서 연결된 입출금 계좌는 K뱅크만 가능하다.

④ K뱅크도 카카오뱅크처럼 온라인상에서 바로 만들 수 있다.

| 자료 2-4 | 가상자산 매수하기

출처 : 업비트

① 주문 수량이 아닌 주문 금액으로 매수해보자.

② 주문 금액을 10만 원에 세팅한다.

③ 매수가격을 원하는 가격으로 조절할 수 있다.

④ 매수버튼을 누른다.

| 자료 2-5 | 이더리움 입금 화면

출처 : 업비트

① 입출금 카테고리로 이동 → 이더리움 클릭 → 입금하기 클릭 → 입금 전용 계좌

– 이더리움 입금 주소 : 0x66e10cece342**********************

*****

– QR코드를 확인할 수 있다.

② 위 주소를 상대방에게 알려주면 이더리움을 받을 수 있다.

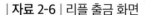 4 타인 지갑으로 코인 보내기(예시 : 리플 보내기)

| 자료 2-6 | 리플 출금 화면

출처 : 업비트

① 입출금 카테고리로 이동 → 리플 클릭 → 출금 신청하기 클릭 → 송금
할 리플 수량 입력 → 받는 사람 주소 입력 → 출금 신청 클릭

* 받는 사람 주소는 여러 번 꼼꼼하게 체크해야 한다. 블록체인상에 기록되어 위변
조 및 수정이 불가하기 때문에 실수로 보낸 경우라도 거래를 번복할 수 없다.

국내 가상자산 거래소 중 하나를 정해서 계정을 개설해봤는가? 그리
고 연습 삼아 적은 금액으로 원하는 코인을 매수도 해보고, 매도도 해
봤는가? 은행에서 계좌 이체하듯 코인을 보내고 받기를 해봤는가? 적

은 금액으로 경험을 많이 해볼수록 실력이 는다. 가상화폐에 입문하겠다는 용기를 내었다면, 꾸준한 공부를 통해 천천히 내공을 다져야 한다. 절대로 급한 마음으로 단기간에 수익을 내겠다는 욕심은 버려야 한다. 새로운 트렌드를 배우겠다는 배움의 자세를 잃지 말고, 하나씩 하나씩 내 것으로 만들어가면서 실력을 쌓아가도록 하자.

코린이 탈출을 위한
차트 공부법

차트를 봐야 하는 이유

모든 재테크의 기본 원칙은 싸게 사서 높은 가격에 팔아야 수익이 나는 것이 이치다. 그러기 위해 재무 분석 후 저점에서 매수하는 것도 중요하고, 가치 투자를 위해 기업을 분석하는 것도 중요하다. 워런 버핏(Warren Buffett)도 재무 분석 후 차트 분석을 하는 것으로 알려져 투자자는 기본적으로 차트를 볼 줄 알아야 한다.

캔들

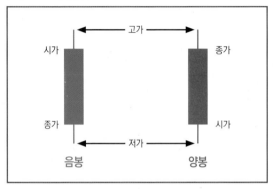

출처 : 업비트

차트의 캔들을 보면 자료 2-7과 같은 모습을 확인할 수 있다. 이 막대기 모양을 '캔들'이라고 부른다. 빨간 캔들은 양봉으로 시세의 상승을, 파란색 캔들인 음봉은 시세의 하락을 나타낸다. 고가는 가장 높을 때의 가격이고, 저가는 가장 낮을 때의 가격이다. 시가는 거래가 시작될 때, 종가는 거래가 종료되었을 때의 가격이다.

업비트 경우 일봉 차트는 오전 9시 기준으로 초기화된다. 24시간 거래되는 코인 시장에서 종가는 오늘 아침 9시부터 다음 날 아침 8시 59분까지 거래 후 끝날 때의 가격을 말한다. 즉 종가 대비 전일 상승이면 양봉, 하락이면 음봉이 나오게 된다.

이동평균선

이동평균선이란 일정 기간 동안 코인이 걸어온 발자취를 산술평균한 값을 모두 연결해서 선으로 만든 것이다. 주로 볼 수 있는 이동평균선은 5, 20, 60, 120일 이동평균선이며, 5일과 20일은 단기 이동평균선, 60일은 중기 이동평균선, 120일은 장기 이동평균선으로 볼 수 있다.

| 자료 2-8 | 이동평균선

출처 : 업비트

상승 추세에서의 투자 전략

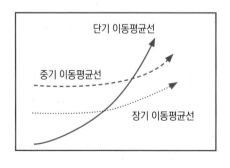

▶ **매입 신호**

단기 이동평균선이 아래로부터 위를 향해 중·장기 이동평균선을 급속히 뚫고 올라갈 때는 매입 신호다.

가상자산, 당신이 놓치면 안 되는
세 번째 기회가 온다!

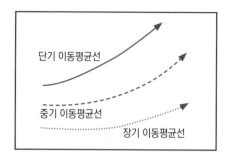

▶ **강세 국면**

위로부터 단·중·장기 이동평균선의 순으로 세 선이 나란히 상승 중일 때는 안심할 수 있는 강세 국면이다.

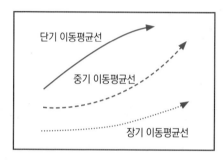

▶ **천장권 예고**

중·장기 이동평균선의 상승이 상당 기간 진행된 후 단기 이동평균선이 더 이상 오르지 않고 약해지면 천장권이 예상되는 시점이다.

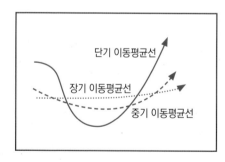

▶ **매입 보류**

단기·중기·장기 이동평균선이 혼란하게 얽혀 있을 때는 장세의 향방이 불투명하므로, 매입을 보류하는 것이 현명한 판단이다.

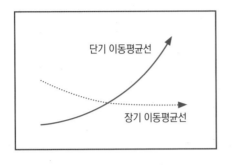

▶ **강세 전환(golden cross)**

골든 크로스란 단기 이동평균
선이 장기 이동평균선을 아래
에서 위로 급속히 뚫고 올라가
는 상황으로 강력한 강세 전환
신호다. 그러나 실전에서 골든
크로스가 나타날 때는 대개 상승의 5~6부 능선에 와 있는 것이므로, 매입
후 8부 능선에서 매도를 탐색해야 한다.

하락 추세에서의 투자 전략

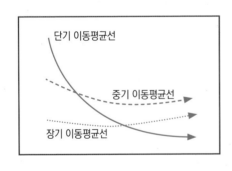

▶ **매도 신호**

단기 이동평균선이 위로부터
아래를 향해 중·장기 이동평균
선을 급속히 뚫고 내려올 때는
매도 신호를 나타내는 것이다.

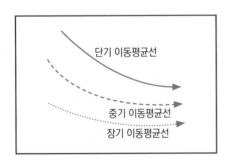

▶ **강력한 약세 국면**

단·중·장기 이동평균선이 나
란히 하락할 때는 강력한 약세
시장일 가능성이 높다.

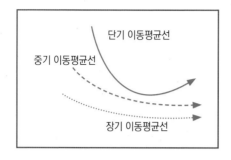

▶ **바닥권 예고**

중기 및 장기의 이동평균선이 상당 기간 진행된 후 단기 이동평균선이 더 이상 하락하지 않고 상승하기 시작하면 바닥권이 예상되는 시점이다.

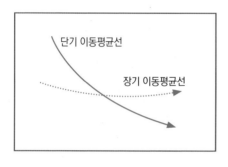

▶ **약세 전환**(dead cross)

데드 크로스란 단기 이동평균선이 장기 이동평균선을 위에서 아래로 급속히 뚫고 내려가는 상황으로, 강력한 약세 전환 신호다. 실전에서는 데드 크로스가 나타날 때 하락 국면의 5~6부 능선까지 접근한 것이므로, 보유 주식을 처분하고 1~2부 능선을 포착해 매입을 준비해야 한다.

거래량

해당 코인의 관심이 높아지면 매수와 매도가 활발해지면서 거래량이 증가하고, 해당 코인에 관한 관심이 없어지거나 소외되면 거래량은 줄어들게 된다. 거래량의 기준은 비트코인으로 예를 들면, 한 사람이 1비트코인을 팔았을 때 다른 사람이 1비트 코인을 샀다면 거래량이 1이라

출처 : 업비트

고 할 수 있다. 즉 사고팔아 거래가 이루어진 전체 코인의 개수를 의미
한다. 자료 2-9의 비트코인 거래량 그래프를 보면 세력들의 매집을 알
수 있다. 오른쪽의 거래 대금보다는 막대그래프로 표현되는 거래량이
더 중요하다. 거래량 그래프가 긴 장대 양봉 캔들이 만들어질 때 추세
매매법 적용이 가능하다. 차트를 통해 얻는 정보는 매우 중요하다. 제
대로 코인의 가능성을 판단하는 기준이 없다면 사실상 룰렛 도박을 하
는 것이나 다름이 없기 때문이다.

공부하는 사람이 이긴다

　대부분의 많은 코인 투자자들이 제대로 된 차트 공부 없이 투자하는 경우가 다반사다. 제대로 된 수익을 보기 위해서 코인 차트에 나타난 투자자의 행동과 심리를 공부하고, 남들보다 앞서 나가는 것이 낫다. 장기적인 코인 투자에서 중요한 것은 재단의 방향성, 앞으로의 생태계 형성이나 비즈니스 모델, 메커니즘 등 코인의 본질적인 가치분석(펀더멘털 분석)이다. 가치 투자를 하는 중장기 투자자에게도 기본적인 코인 차트를 통해 매매 시기와 코인의 기세를 판단하는 것은 많은 도움이 된다.

묻지 마 투자로
인생을 망친 사람들

코인의 등락 폭이 크다 보니
한 방을 노리는 사람들이 많다

2017년 즈음 큰 수익률을 안겨줄 거라는 기대감에 코인 다단계에 투자했다가 돈이 묶인 사람들이 주변에 있었다. 묻지 마 투자로 손해를 보거나 심지어 인생을 망친 사례들을 더 찾아보기 위해 지식인에 올라온 내용으로 몇 가지를 발췌해봤다.

사례 1 가상화폐 사기 진짜 이렇게 될 줄 몰랐습니다.

친구 말에 혹해서 투자했는데 이게 진짜 이렇게 될 줄 몰랐네요. 처음에는 주식처럼 하는 것이고, 투자 수익이 확실하다고 말해서 종잣돈 약

3,000만 원 정도를 투자해서 얼마나 되는지 해보려 했습니다. 보통 대박 터지면 거의 2배가량 받을 수 있다는 말에 혹해서 했거든요. 그런데 한 달 지난 이후 수익도 없고 해서 따지러 갔는데 연락을 안 받는 겁니다. 아예 투자금만 먹고 튄 상황이에요. 저는 여윳돈으로 한 거라서 그나마 피해가 덜한데, 다른 분들은 돈을 빌려서 투자했기 때문에 그 파급효과가 어마어마하네요. 암튼 가상화폐 사기 당했는데, 투자 사기면 이에 대해 보호하고 어떻게 해결할 수 있는 방법은 없을까요?

사례 2 가상화폐 투자 사기

가상화폐 투자 관련해서 질문드립니다. 2021년 6월경 친구에게 선물을 해보라면서 본인에게 맡겨보라는 추천을 받아 업비트에 있는 자산을 친구의 바이낸스 거래소로 500만 원 정도를 이동시켰습니다(투자 관련해서 원금 보장이나 계약서 같은 것은 일체 쓰지 않음). 이후 원금의 2배 정도 불어났다가 돈이 필요해서 출금을 요청했으나 친구가 보안카드 사정으로 인해 출금이 안 된다고 해서 2~3개월 정도를 기다렸습니다. 그 뒤 알고 보니 보안카드가 고장난 게 아니라 이 돈이 청산이 났다 하며 원금이 전부 청산을 당해서 돈이 없다고 합니다. 거래내역을 확인해보니 500만 원~1,000만 원 정도 됐다가 이후 전부 청산으로 탕진되어 있었습니다. 추후 고소를 진행할 예정인데, 혹시 이런 경우도 형사 사기 건에 적용이 되는 부분일까요?

이런 사례들을 보면, 지인을 통해 투자했다가 원금을 받지 못하는 상황임을 알 수 있다. 적은 돈이든, 큰돈이든 관계없이 투자라는 것을 하기 위해서 제대로 알아보지 않고, 얼마를 불려준다는 말에 쉽게 현혹된 것을 알 수 있다. 잘 모르는 분야임에도 더 불려준다는 말만 믿고 투자하는 것은 투자가 아니라 투기다. 한 방을 노리고 쉽게 돈을 벌고 싶은 사람들의 심리를 이용한 것이다. 이런 꼬임에 빠지지 말아야 한다.

오르는 코인은 몰빵?

코인을 상승장에 입문한 사람들은 오르기만 할 것 같은 기대감에 리스크를 준비하지 않는 경우도 많다. 주식에만 달걀을 한 바구니에 담지 말라는 말이 있는 것은 아니다. 코인도 포트폴리오를 구성해서 카테고리별 대장 코인 중심으로 시총이 높은 코인들로 구성해야 한다.

더구나 새롭게 탄생하는 ICO 성격의 코인 정보를 듣자마자 아무 검증 없이 투자하는 것은 지양해야 한다. 핑크빛 희망의 메시지로 상장만 되면 세계 최고의 코인이 될 것 같은 감언이설에 넘어가지 않으려면, 나만의 투자 기준이 명확히 서 있어야 한다. 투자 기준이 명확하지 않은 코린이들의 경우, 듣보잡 코인이 앞으로 100배, 1,000배 뛸 거라는 말은 귀가 솔깃할 내용이다. 빠른 수익을 내고 싶어 하는 사람들에게는 이보다 더 희망적인 메시지가 없기에 영끌해서 투자하는 경우가 많다.

하나의 종목에 전 재산을 투자하고, 예상대로 상승곡선을 타고 있다고 가정하자. 적정선에서 익절하고 나오면 좋으련만, 사람의 욕심은 조금 더 있으면 더 많은 수익을 낼 수 있다는 심리 기제가 작용한다. 그러다 하락 곡선이 시작되면 매도해야 하지만, 최고가를 기억하기에 수익이 나는 상황에서도 손해라는 생각에 빠져나오지 못하고 하락선을 따라 추락하고 만다.

투자에도 지혜가 필요하다

투자의 세계는 냉정하다. 감정에 휘둘려서는 성공하기가 어렵다. 욕심을 부리기보다는 나만의 목표 수익률을 정하고, 안전하게 빠져나올 줄 아는 지혜가 필요하다. 급등락이 큰 코인 시장에서 살아남기 위해서는 지인 소개라는 이유로, 잘 모르는 코인에 묻지 마 투자를 하는 것은 금물이다. 지인은 믿을 수 있어도 코인을 운영하는 운영진의 속마음을 알 수 없기에 신중하게 판단해야 한다. 아무리 오르기만 할 것 같은 코인도 올라가면 내려가는 사이클이 반드시 있다는 점을 기억하고 매도 타이밍을 미리 정해두어야 한다.

내 손을 떠난 돈은 이미 내 돈이 아니기 때문에 투자할 때는 신중에 신중을 기해야 한다. 그 많은 돈들을 가상화폐 시장에 기부할 마음이 아니라면 말이다.

"투자 철학이 있으면 두려움과 탐욕을 다스릴 수 있다."

- 워런 버핏

4차 산업혁명이 가져다준
라이프 챌린지

코로나로 인해 급속도로 변하는 세상

코로나가 터지고 얼마 되지 않아 읽었던 책 중에 《클라우스 슈밥의 위대한 리셋》이라는 2021년 세계경제포럼 공식 도서를 읽었다. 부제로 'COVID-19: The Great Reset'이라고 적혀 있다. 이 책에서 클라우스 슈밥(Klaus Schwab)은 코로나19 팬데믹이 지난 후 세계는 2가지 길 중 하나를 선택해야 한다고 말한다.

하나는 우리가 사는 사회와 경제를 보다 포괄적이고, 지속 가능하며 회복력이 있는 미래로 이끄는 길이다. 다른 하나는 우리를 더 위험하고, 불안정하며, 점점 더 살기 어려운 세상으로 인도할 길이다. 팬데믹으로 세상의 우선순위가 재편될 때 우리가 얻게 될 교훈은 무엇일까? 각자 있는 자리에서 어떤 선택을 할 것인지 생각하게 하는 대목이다.

4차 산업혁명과 코로나19가 만나서 가장 가속도가 붙은 트렌드는 '디지털 전환(digital transformation)'이 아닐까 싶다. 코로나가 발발하자 가장 먼저 찾아온 변화는 비대면이다. 학교 수업도, 직장도 모두 온택트 시대로 급변했고, 사회적 거리두기로 자발적 외출 금지 상태에 있으면서 집에서 필요한 물품들은 온라인을 이용해서 구매하게 되었다. 모바일과 컴퓨터를 통해 점점 더 많고 다양한 물건과 서비스가 자연스레 온라인 삶으로 스며들게 되었다. 덕분에 전자상거래가 발달하고 비대면 경영, 디지털 콘텐츠, 로봇, 드론 배송 같은 서비스를 제공하는 기업들이 번창하게 되었고, 우리는 어느새 이러한 환경에 익숙해지고 있다.

코로나로 인해 10년 동안 변화할 산업이 1~2년 새 급격하게 바뀌었다

디지털 세상이 열리고 있다. 맥도날드에서는 어느 날 갑자기 키오스크가 가게 입구에서 주문받고 있다. 식당에서는 서빙 로봇이 주문한 음식을 가져다주는 모습을 자주 보게 된다. 드론으로 물품배달이 가능한 세상에 살고 있다. 코로나19가 가져온 가장 큰 이슈 중 하나는 사람과의 접촉을 최소화하는 것이다. 접촉을 통해 바이러스가 전파되기 때문에 모든 서비스 분야에서 사람의 손길이 점점 줄어들고 있다. 테슬라에서는 자율주행차를 개발하고, 코○볼이라는 회사에서는 무인 자동화 공장(스마트 팩토리)을 만들어 화장품을 생산하고 있다.

또 다른 변화 중 하나는 개인별 맞춤 서비스가 시작된 것이라 볼 수 있다. 던킨도너츠가 던킨으로 사명을 바꾸면서 기름에 튀긴 도넛을 제외하는 중이다. 음료 시장 서비스에 집중하면서 매장에 들어오는 고객의 정보를 카메라로 파악해 필요에 따른 음료를 안내하는 서비스를 제공하고 있다. 앞서 언급한 코○볼 화장품 회사에서는 핸드폰 어플을 통해 개인별 피부 상태를 미백, 주름, 보습, 탄력 등 4개 항목으로 점수화해서 맞춤형 솔루션을 제공하고 있다.

이렇듯 세상은 초개인화 맞춤형 서비스를 제공하고 있다. 고객들의 생체 데이터를 모아 빅데이터를 형성하고, 쌓인 데이터를 통해 고객들에게 만족도 높은 서비스를 제공하기 위한 기술의 중심에는 디지털트랜스포메이션이 자리 잡고 있다. 예를 들어 우리가 차량으로 이동할 때 쌓이는 운행기록 데이터(내비게이션)나 상거래를 위한 카드 결제 데이터, SNS상에 올리는 사진이나 텍스트 등도 데이터화 되고, 그 데이터를 수집한 기업들은 마케팅이나 더 나은 서비스를 위해 이용하게 된다.

삶이 바뀌고 생활양식이 바뀌면서
경제와 밀접한 화폐 변화가 시작된다

디지털로 열리는 세상 중 또 다른 하나는 '가상화폐'라고 불리는 암호화폐 시장이다. 우리가 쓰는 화폐의 변천을 보면, 동전과 지폐를 사용하다가 마그네틱 카드로 바뀌었다. 카드가 처음 나올 때는 많은 사람이 불신 어린 눈으로 바라봤다. 플라스틱 카드가 현금을 대체한다고? 하지만 지금은 현금보다 카드 한 장을 가지고 다니는 사람이 다반사일

가상자산, 당신이 놓치면 안 되는
세 번째 기회가 온다!

정도로 일상이 되었다. 이것도 귀찮겠다 싶었는지 핸드폰 속에 카드를 저장해주는 페이 기술이 발달해 핸드폰만 가지고 외출해도 모든 결제가 가능하다.

여기에 추가로 24시간, 365일 거래가 가능한 가상화폐가 사람들의 관심 속으로 들어오게 된 것도 코로나 영향력이 아닐까 생각이 든다. 이유는 팬데믹의 해결책으로 미국에서는 그동안 미국 역사상 발행한 달러보다 코로나 기간에 발행한 달러가 훨씬 많을 정도로 양적 완화 정책을 폈고, 기축통화로서의 달러의 위상도 위협받게 될 정도다. 그러나 비트코인은 디지털 금이라고 할 정도로 많은 사람의 관심을 받게 되면서 투자 가치를 인정받게 되었다.

우리나라에서도 특정 금융거래정보의 보고 및 이용 등에 관한 법률(이하 특금법)이 2021년 9월 25일에 시행되면서 소비자가 믿고 거래할 안전한 5대 가상자산 거래소(업비트·빗썸·코인원·코빗·고팍스)를 지정했다. 2022년 6월에는 국내 주요 가상자산 거래소들의 '자율규약'을 통한 투자자 보호 조치에 나섰다. 자율규약에는 가상자산 상장과 종목 관리, 상장폐지 등에 대한 공통 기준이 수립된다. 주기적인 평가와 위험 종목을 알리는 '가상자산 경보제'를 도입하면서 소비자 보호에 앞장설 계획이다.

이렇듯 코로나19 팬데믹 이후 가속화된 4차 산업혁명으로 사람들은 온택트 생활에 익숙해지고 있다. 디지털 세상으로 한 발 더 깊숙이 들어서게 되었으며, 개인별 맞춤 서비스 시대가 도래한 상황이다. 거스를 수 없는 화폐의 변화까지 우리의 라이프 챌린지는 이제부터 본격적인 시작이다.

마흔아홉 살에 시작해도
성공하는 왕초보 코인 투자 공부법

불확실성이 가득한 세상을 살아가기 위해 적지 않은 나이인 마흔아홉 살에 변화의 물결을 타보겠다며 가족들에게 선언했다. 앞으로 트렌드가 될 가상화폐를 공부하겠다고 큰 소리를 친 것이다. 하지만 막상 어떻게 공부해야 좋을지 막연했다.

공부 방법

그렇게 뒤지기 시작한 것이 책이고 유튜브다. 앞서 설명했던 책과 유튜브 채널을 통해 조금씩 귀가 열리고 눈이 열렸다. 까막눈이던 나에게 도움을 준 책의 저자와 유튜버들에게 감사 인사를 전하고 싶다. 물론 지금도 꾸준하게 업데이트되는 책들을 읽고, 유튜브를 통해 실시간 정보를 습득하고 있다.

처음 듣는 단어들이라 외래어 같고, 전공과목의 전문용어 같았던 단어의 의미를 이해하자 조금씩 들리기 시작했다. 모든 공부의 기본은 기초지식 쌓기이지 않은가? 기초지식의 근간인 전문용어를 이해하는 데 도움이 되도록 가상화폐 연관된 단어들을 정리해보고자 한다. 아주 기본적인 개념들을 정리해놓은 것이니 이것만큼은 반드시 숙지하자.

기본 용어, 이것만은 알아두자!

암호화폐(暗號貨幣, cryptocurrency)

암호화폐는 암호 기술을 이용해 만든 디지털화폐다. 암호화폐는 네트워크로 연결된 인터넷 공간에서 암호화된 데이터 형태로 사용된다. 암호화폐는 지폐나 동전과 같은 실물이 없이 디지털 데이터 형태로 존재하기 때문에 가상화폐(仮想貨幣, virtual money)라고도 부른다.

암호화폐는 결제 수단으로 사용되기보다는 자산의 안전한 보관을 위해 사용되는 경우가 많아서 암호자산(暗號資産, crypto asset)이라고 부르기도 한다. 대부분의 암호화폐는 탈중앙화된 피투피(P2P) 방식의 블록체인(blockchain) 기술을 이용해 가치를 저장·전송한다. 암호화폐는 해시(hash)라는 암호화 기술을 이용해 만든 전자화폐의 일종으로서, 가치를 보증하는 중앙은행이 없이도 거래의 신뢰성과 안전성을 보장받을 수 있다. 암호화폐는 국가의 제약이 없는 글로벌 통화로서, 일종의 디지털 골드(digital gold)라고 할 수 있다.

블록체인

블록체인의 사전적 정의는 '공개적으로, 또 시간순(順)으로 거래 기록을 공유하는 분산 디지털 장부(distributed digital ledger for shared transactions chronologically and publicly)'다. '기록을 공개적으로 공유한다'라는 말의 의미에서 공개되고 공유된 기록은 사실상 조작하거나 왜곡하기 어렵다는 것을 알 수 있다(한국전자통신연구원 자료 참고).

블록체인에서도 기록물의 변조나 왜곡을 막기 위해 '블록(block)' 단위로 생성되는 기록을 여러 장소에 나누어(분산) 저장하기 때문에 은행 등 제3의 중개기관이 없더라도 블록체인 기술을 이용하면 누구나 신뢰할 수 있는 안전한 거래를 할 수 있다.

블록체인은 비트코인과 이더리움 등 암호화폐뿐 아니라, 스마트 계약, 블록체인은 4차 산업혁명의 핵심 기술 중 하나다. 중개기관이 필요 없는 블록체인 기술을 활용함으로써 인류는 새로운 거래 방식과 조직

| 자료 2-10 | 블록체인 개념도

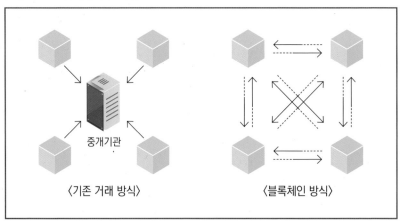

〈기존 거래 방식〉　〈블록체인 방식〉

출처 : 한국전자통신연구원

운영 원리를 바탕으로, 과거 인터넷 기술이 가져온 것 이상의 큰 사회적 변화와 혜택을 누릴 수 있을 것으로 예측하고 있다.

스마트 계약 또는 스마트 컨트랙트(smart contract)

계약 당사자가 사전에 협의한 내용을 미리 프로그래밍해서 전자 계약서 문서 안에 넣어두고, 이 계약 조건이 모두 충족되면 자동으로 계약 내용이 실행되도록 하는 시스템이다.

탈중앙화(脫中央化, decentralization)

중앙집중화를 벗어나 분산된 소규모 단위로 자율적으로 운영되는 것을 말한다. 블록체인은 기존의 서버-클라이언트 관계가 아니라, 개별 노드(node)들의 자발적이고 자율적인 연결에 의해 피투피(P2P) 방식으로 작동한다. 블록체인 기술이 도입되어 사회적으로 널리 확산됨에 따라 기존의 중앙집중식 조직, 기업, 단체, 기구 등은 탈중앙 분산 구조로 변경되고 있다.

채굴(採掘) 또는 마이닝(mining)

암호화폐의 거래내역을 기록한 블록을 생성하고, 그 대가로 암호화폐를 얻는 행위를 말한다. 1개의 암호화폐를 생성하기 위해서는 마치 금과 같은 광물을 캐는 것처럼 많은 시간과 노력이 필요한 일련의 작업이기에 채굴이라는 표현을 사용하기 시작했다. 분산원장 시스템이라는 광산에서 합의 알고리즘이라는 작업을 통해 암호화폐를 소유하는 것을 표현한 용어이며 작업증명, 합의 알고리즘과 그에 따른 보상을 의미한다.

스테이블코인(stablecoin)

법정화폐로 표시한 코인의 가격이 거의 변동하지 않고 안정된 암호화폐를 말한다. 암호화폐는 일반적으로 가격 변동성이 크다. 심지어 1~2시간 사이에 몇 배를 오르고 내리는 코인도 있다. 상대적으로 변동성이 적은 비트코인도 심한 경우 하루에 10% 내외의 변동이 발생되기도 한다. 암호화폐에 투자하는 경우, 예측 불가능한 가격 변동에 많은 어려움을 겪기도 한다. 이러한 가격 변동은 암호화폐에서 아직 풀지 못한 문제 중 하나다. 국내 거래에서도 암호화폐의 가격 안정성이 필요한 경우가 있지만, 특히 수출·송금 등 해외 거래에서는 급격한 변동성 및 수수료 등의 영향을 받지 않고, 암호화폐가 안정적 가치만 보장된다면, 널리 사용될 수 있다.

기간에 따른 환율 차이 등의 변동성이 없다면, 거래 당사자들은 더 안전하고 편리하게 거래할 수 있다. 이런 필요로 가격이 안정된 스테이블코인이 등장하게 되었다. 스테이블코인의 개념은 오래되었는데, 테더(Tether), 트루USD(TrueUSD) 등 달러 페깅(pegging) 토큰은 이미 여러 암호화폐 거래소에서 거래되고 있다. 페깅(pegging)이란 '못을 박아서 고정시키기'라는 뜻으로서, 암호화폐의 가격이 마치 못을 박아놓은 듯이 법정화폐 가치에 고정되어 있다는 뜻이다.

ex) 1테더(USDT)는 1$

에어드랍(airdrop)

공중(air)에서 떨어뜨린다(drop)는 뜻으로서, 기존 암호화폐 소유자들에게 무상으로 코인을 배분해 지급하는 행위를 말한다. 주식에서 '무상

증자'와 유사한 개념이다. '에어드롭'이라고 쓰기도 한다.

ICO(Initial Coin Offering)

코인 신규 개발 시 투자자를 모집해 투자 개발자금을 모으는 것을 뜻한다. 주식 시장에서의 IPO와 비슷한 개념으로 이해하면 쉽다. ICO의 경우 투자자를 쉽게 모을 수 있으나 투자자를 위한 보호장치가 없어 위험성이 높다. 실제로 스캠 ICO에 투자해 투자금을 날리는 경우도 빈번하다. 비교적 안전한 방법으로는 기존 사업에서 ICO를 통해 자금을 유치하는 리버스 ICO도 존재한다.

다만, ICO의 경우 중재를 통한 참여가 아닌 직접 참여이기 때문에 참여자가 프로젝트에 대해 직접 검증해야 하는 부분은 단점으로 작용할 수도 있다. 잘못된 ICO에 참여하면 유동성이 부족한 토큰을 구매하게 되거나 스캠, 이른바 사기에 당하는 경우도 있기 때문이다. ICO로 획득한 토큰이 거래소에 상장된 후, 해당 암호화폐의 거래가 활성화될 경우 높은 실적을 기대할 수 있지만, 소중한 자산을 움직이는 만큼 충분한 사전 조사를 통해 신뢰할 수 있는 프로젝트를 선별하는 개인의 노력이 필요하다(출처 : 더퍼스트미디어(http://www.thefirstmedia.net)).

코인과 토큰의 구분

코인과 토큰은 모두 가상자산의 종류다. 통상적으로는 둘을 특별히 구분하지 않고 코인으로 칭하지만, 엄밀히 하면 둘 사이에는 차이점이 존재한다. 독립된 블록체인 네트워크(메인넷)의 보유 여부가 둘의 차이를 나타낸다. 메인넷이란 기존에 존재하는 플랫폼에 종속되지 않고 독자적인 블록체인 생태계를 구성할 수 있는 네트워크다. 코인은 일반적으로 우리가 잘 알고 있는 비트코인이나 이더리움 등의 가상자산이다. 반면 토큰은 메인넷을 소유하고 있지 않고, 타 블록체인 위에 있는 특정 가상자산이다. 주로 이더리움 기반의 플랫폼을 사용하는 토큰들이 가장 많다. 즉 토큰은 다른 블록체인을 쓰는 애플리케이션 서비스에서 발행하는 전자 주식이고, 코인은 화폐로 생각하면 쉽다. 토큰은 발행하는 것이고, 코인은 채굴하는 것이라고도 구분할 수 있다. 가장 쉬운 구분 방법으로는 코인마켓캡 사이트를 통해 코인인지, 토큰인지 알아볼 수 있다(출처 : 더퍼스트미디어(http://www.thefirstmedia.net)).

NFT

대체 불가능한 토큰(代替不可能토큰, non-fungible token, NFT)은 블록체인에 저장된 데이터 단위를 말하며, 고유하면서 상호 교환할 수 없는 토큰을 뜻한다. NFT는 사진, 비디오, 오디오 및 기타 유형의 디지털 파일을 나타내는 데 사용할 수 있다. 가상의 진품 증명서 역할을 하므로 대체 불가능하고 사본은 인정되지 않는다. 이러한 디지털 항목의 사본은 누구나 얻을 수 있지만, NFT는 블록체인에서 추적되어 소유자에게 저작권과 소유권 증명을 해야 한다. 즉 디지털 등기부등본이다.

공부해서 내 실력을 레벨 업 하자

한 분야의 전문가가 되기 위해 할 수 있는 최소한의 노력은 그 분야의 책을 20권 이상을 읽고 내 것으로 만드는 것이다. 단적인 의미뿐만 아니라 깊은 이해를 하기 위해서는 책을 읽기를 추천한다. 그리고, 기본 용어의 이해도를 높였다면 실제 투자 공부와 마인드 공부를 통해 나만의 실패하지 않는 성공 투자 기준을 만들어가자.

코인 시대가 온다

화폐의 패러다임이 바뀐다
(feat. TV에서 가상자산 거래소 광고가 나오는 시대)

'디지털 자산 투자도 풍문에 휩쓸리지 말고 기술의 가치를 꼼꼼하게 따져봐야 한다'라는 메시지로 가상자산 거래소가 공중파에서 광고하는 시대가 되었다. 이 업체뿐 아니라 코인원, 코빗에서도 지상파 광고를 하는 현실이 놀랍기만 하다.

실생활 가상자산 결제 플랫폼 페이코인을 운영하는 다날핀테크에서도 TV 광고를 진행하고 있다. 광고 중인 페이코인 TV 광고 영상은 단순히 소비자들에게 페이코인 브랜드를 강조하기보다는 그동안 쌓인 가상자산에 대한 소비자들의 오해를 불식시키고 페이코인을 통해 새로운 가상자산의 가치를 보여주려고 노력했다는 평이 있다. 편의점에서 결제 수단의 하나로 쓰이는 페이코인을 보며, 가상자산이라는 가상화폐가 우리 삶에 깊숙이 스며들고 있음을 엿볼 수 있다.

공지되는 내용들, 기관들의 움직임, 증권사, cbdc 발행 등

| **자료 2-11** | 가상화폐 하루 거래액 관련 기사

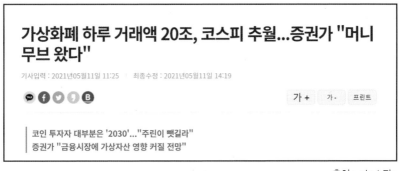

가상자산 거래소의 24시간 거래액은 총 40~43조 원 수준을 웃돌고 있으며, 일 평균 거래대금은 20조 원 안팎이다. 이는 국내에서 공매도 거래가 재개된 2011년 5월 3일 코스피 거래대금 16조 원을 훌쩍 뛰어넘는 수치라는 기사 내용이다. 얼마나 많은 사람이 가상자산에서 실제로 거래하고 있는지 알 수 있는 증거 자료다.

| **자료 2-12** | 리플 공식 파트너 관련 기사

출처 : \<D.STREET\>

　이뿐 아니라 최근에는 세계경제포럼에서 리플을 공식 파트너로 선정
했다. 이 내용은 세계적인 경제 흐름에 있어 가상화폐의 위치를 생각하
게 한다. 이래도 가상화폐를 가짜 돈이라고 치부할 수 있을까?

| **자료 2-13** | 디지털화폐 채택 관련 기사

출처 : \<KOREA IT TIMES\>

가상자산, 당신이 놓치면 안 되는
세 번째 기회가 온다!

최근 많은 나라에서 관심을 보이는 중앙은행 디지털화폐(CBDC : Central Bank Digital Currency)는 기존의 실물 화폐와 달리 가치가 전자적으로 저장되며, 이용자 간 자금 이체 기능을 통해 지급 결제가 이루어지는 화폐를 말한다. 중앙은행이 발행하는 법정통화로써 가상화폐와 달리 기존의 화폐와 동일한 교환 비율이 적용되어 가치변동의 위험이 없다.

CBDC의 이점은 첫째, 사기 행위를 줄이는 데 도움이 될 수 있고, 둘째, 물리적 화폐를 인쇄하는 비용을 줄일 수 있다. 셋째, 은행 계좌가 없는 사람들에게 은행 서비스에 대한 접근을 제공함으로써 금융 포용성을 높일 수 있다. CBDC와 관련된 일부 위험에는 중앙은행의 통제력 상실, 변동성 증가, 사이버 공격이 포함된다(출처 : Korea IT Times(http://www.koreaittimes.com)).

시대의 흐름을 역행할 수 없다면 순응하자

2008년 세계 금융위기 후 출현된 비트코인(BTC)의 전자화폐가 P2P 거래를 위한 효시가 되었다. 더불어 지금은 웹 3.0시대로 접어들면서 가상화폐는 생활에서 떼려야 뗄 수 없는 필요조건이 되어가고 있다. 부동산, 주식, 채권, 금, 석유와 같은 재테크 수단 중 하나로 이제는 코인에 관심을 가지고 투자하는 사람들이 많아지고 있다. 코인 투자의 경우는 다른 재테크 수단보다 정보 공개가 투명해 누구라도 관심만 가지면 쉽게 알아볼 수 있다. 새로운 물결을 남들보다 한 발짝 먼저 배우고 익혀서 내 것으로 만들면, 부의 손 바뀜을 경험할 수 있다. 한 발짝이 두렵다면 반 발짝만 먼저 공부해서 내 것으로 만들어보자! 여러분들보다 딱 반 발짝만 먼저 가보고 안전한 세계로 안내할 테니 믿고 따라와 보라.

낯설지만 꼭 알아야 할
코인 투자 노하우

세계에서 바라보는 암호화폐 시장

거품이다, 투기다 말도 많은 암호화폐인 가상자산 시장은 코로나19 팬데믹 이후 경제환경 변화로 이제 되돌릴 수 없는 메가 트렌드가 되어 가고 있다. 2021년 2월, 캐나다에서 세계 최초로 비트코인 현물 ETF를 출시했다. 1년도 안 되어 약 14억 달러의 투자금이 쌓였다. 이 소식을 들은 미국 SEC(증권거래위원회)에서 비트코인 선물 ETF 출시를 승인했다. 미국의 최대 암호화폐 거래소인 코인베이스가 나스닥에 상장하는 등 세계 금융을 이끄는 기관들의 움직임이 심상치 않다. 암호화폐 시장이 확산하고 있음은 비트코인을 매수하고 있는 테슬라와 마이크로스트래티지 등의 기업을 통해서도 알 수 있다. 우리나라의 경우 빗썸, 업비트, 코인원, 코빗 암호화폐 거래소의 하루 거래량이 무려 12조 5,702억 원에 이를 정도로 4년 전 1조 6,978억보다 7배 이상 성장했다.

손해 보지 않는 코인 투자 노하우

이처럼 가상자산 시장이 확대되는 가운데 개인 투자자인 우리는 어떻게 대응해야 할까? 혹자는 "진짜 돈으로 왜 가짜 돈을 사냐?"라며 고개를 젓는다. 과연 암호화폐가 가짜 돈일까? 불확실성에 접근하는 코린이인 우리는 조심조심 접근하는 게 좋다. 경험치가 쌓이고 지식이 쌓이면 투자의 성공률이 높아지겠지만, 가상자산에 처음 접근하는 우리는 돌다리도 두드려보고 건너는 마음으로 시작해보자.

1 묻지 마 투자는 금물!

아무런 준비도, 공부도 없이 가격이 급등하는 코인이라는 말만 듣고 덤벼들었다가 실패할 경우 한강으로 가고 싶어질 수 있다. 급락으로 시드가 묶이게 되면 낭패다. 절대 단기간에 급등할 코인 지라시에 현혹되어 엄청난 손해를 보는 일이 없도록 주의해야 한다.

2 딱 시드의 10%만!

금방 벼락부자가 될 것 같아 영끌해서 대출로 시장에 진입하면 안 된다. 내가 가지고 있는 여유자금이 1,000만 원이면 10%인 100만 원으로 투자하면서 경험을 쌓고 조금씩 늘려가는 것이 지혜롭다. 변동성이 큰 시장이기에 수익이 크게 날 수도 있지만, 반대로 손실이 크게 날 수도 있다. 그러니 최대로 투자해도 시드머니 50%로 여유 있게 진행하자(빚내서 하는 빚투는 절대 하지 마라. 돈에 쫓기게 되면 판단이 흐려지고 손절해야 하는 경우가 많아진다).

③ 펀더멘털이 강한 코인을 적립식으로 투자

평소에 코인 공부를 해서 펀더멘털(Fundamental)이 강한 코인 종목에 투자하자. 우량 코인이 저가 매수 기회가 보인다고 몰빵 투자를 해서는 안 된다. 나의 경험상 가장 바람직한 투자는 매월 동일한 금액으로 매수하는 것이 길게 봤을 때 안정적으로 우상향을 그리게 된다. 이렇게 적립식으로 투자하면 복리로 돈을 불리는 효과가 있다.

④ 계란을 한 바구니에 담지 마라

분산 투자는 주식에만 있는 단어가 아니다. 주식 분산 투자를 하는 분들을 보면 포트폴리오를 구성할 때 가치주나 우량주 또는 카테고리별로 반도체주, 신재생에너지주, 바이오주 등을 골고루 구성한다. 이렇게 분산 투자를 하는 이유는 예측하기 어려운 시장에 대비하는 효과를 가져올 수 있기 때문에 높은 수익보다는 적절한 수익을 만들어내기 위해서다.

5 절대로 돈을 잃지 말아라

워런 버핏의 유명한 투자 원칙은 다음과 같다.

규칙 ① : 절대로 돈을 잃지 말아라.
규칙 ② : 규칙 ①을 절대로 잊지 말아라.

변화무쌍한 코인 시장에서도 무엇보다 일차적인 목표는 내 돈을 지키는 것이어야 한다. 어느 시장이든 아무리 좋아도 손해 보는 사람은 있고, 50%, 100% 이상의 수익을 내는 사람도 있다. 특히 코인 시장은 300%, 500% 성장한 코인들도 무궁무진하고, 메이저급 코인들도 50~60%씩은 오른다. 그러니 지금 하락장이라 마이너스라고 하더라도 여유 있게 생각하자.

모든 투자에 대한 나만의 기준이 필요하다

새로운 시장에 처음으로 접근하는 입장에서 나만의 투자 기준을 잡는 게 중요하다. 오르내리기를 반복하는 코인 시장에서 일희일비하지 않으면서 장기적인 안목으로 마음의 여유를 가지고 투자 경험을 쌓아가자. 그러면 내공이 쌓이고 경험이 축적되면서 손해 보지 않는 노하우를 터득하게 될 것이다.

나의 첫 투자 이야기

2019년 봄, 영숙 언니로부터 한 통의 전화를 받았다. 같은 보험회사에 다니는 언니로 늘 성실하게 활동하는 모범생이었다. 그런 언니가 전화를 주신 것이다. 영숙 언니는 오랜 경력에도 하루하루 업무에 정성을 들이는 분이라서 존경하는 분이다. 보험을 상담하다 보면 꾀를 피우고 싶기도 하고, 멘탈 관리가 안 될 때는 일탈을 꿈꾸기도 하는데 항상 일관된 모습이라 존경스러울 정도다. 그런 언니가 내게 같이 점심을 먹자는 러브 콜을 보내온 것이다.

기쁜 마음으로 약속 장소에 가는 동안 싱글벙글, 왠지 모를 설렘에 두근거리기까지 했다. 언니와 만난 장소는 영도에 있는 카페로, 옛날 수영장을 개조해서 만든 브런치 카페였다. 수영장 한가운데 비치 테이블을 세팅해 마치 휴양지에 온 듯한 느낌을 받았다. 풍성한 브런치와 향기로운 커피로 입도 즐겁고 눈도 즐거운 데다 사무실에서는 나누기 힘든 고충들도 털어놓다 보니 시간 가는 줄 몰랐다.

투자 제안을 받고 환차익 거래를 경험하다

한참을 수다 떨며 하하 호호 웃는 가운데 언니가 조심스레 FX마진 거래에 관해 이야기를 꺼내셨다. 실질적인 FX마진거래는 잘 모르지만, 2018년 겨울에 말레이시아로 여행을 다녀온 나로서는 외환거래에 대해 짧은 경험을 했던 터였다. 말레이시아를 가기 위해 외환은행에서 달러로 환전하고, 공항에 내리자마자 가장 먼저 한 일이 달러를 말레이시아 링깃으로 교환하는 일이었다. 원화에서 달러로, 다시 말레이시아 링깃으로 환전하는 과정에서 '기축통화인 달러를 많이 가지고 있으면, 각 국마다 통화가 다르니 마진거래가 가능하겠구나' 하고 생각한 게 불과 몇 개월 전이었던 것이다.

FX마진거래란 외국통화의 가격이 계속 달라지는 점을 이용해 매수 또는 매도를 통해 차익을 실현하는 거래를 의미한다. 경험을 통해 제대로 FX마진거래를 이해한 상황이었다. 언니 말에 따르면, 얼마의 금액을 투자하면 매월 5~12% 수익이 발생하는 시스템이라고 했다. 연 5~12% 수익도 큰데 매월 수익률이라고? 어떻게 고수익이 가능할까? 평소 존경하는 언니지만 거짓말 같아 믿기지 않았다.

이 사업 추천을 위해 미국에서 친구 부부가 한국에 들어왔다고 했다. 언니와 대학 동기 동창인 그 부부와는 오랜 친구이고 믿는 관계여서 3,000달러(약 370만 원) 정도를 투자하고, 지금까지 몇 차례 현금으로 매주 수익을 받고 있다고 했다. '어떻게 그런 시스템이 있을까?' 하는 의구심이 들면서도, 언니가 실제로 수익을 현금으로 받고 있다니 믿어지기 시작했다.

본사는 말레이시아에 있고 서버 운영을 AI가 매도하든, 매수하든 모두 수익이 발생하는 구조로 프로그래밍되어 있다고 했다. 수익의 차이는 있을 수 있지만, 손해는 안 본다는 내용이었다. 얼마 후 말레이시아에서 마케팅 직원이 한국에 와서 직접 설명도 해준다기에 센텀으로 들으러 갔다. 우리와의 소통을 위해 중간에 통역사까지 동원했고, 판서까지 하면서 설명하는 그 직원에게 신뢰가 갔다. 말대로, 짜인 프로그램대로만 되면 손해는 안 보겠다는 생각이 들었다.

나의 부끄러운 치욕사 공개

그래서 레버리지를 위한 대출을 감행하고 과감하게 투자했다. 거금 1억 원이라는 돈을…. 그 후 매일 쌓이는 수익을 보며 흐뭇하고 행복했다. 암 진단 이후 나의 몸 상태가 지하를 헤매던 시기이기도 했고, 보험에 대해 마음을 정리하던 중이었던 터라 다른 수익원이 필요했다. 나에게는 대안이 될 동아줄처럼 여겨졌다. 아주 적절한 시기에 전해진 정보는 마치 나를 위한 하늘의 선물 같았다.

그렇게 쌓인 수익금은 한 달에 한 번 인출이라는 기준이 있었고, 서버에 수익으로 기록되는 화폐가 달러였다. 말레이시아에서 우리나라 통장으로 곧바로 달러를 보내는 데는 많은 절차와 시간이 소요된다. 조금 더 빠른 송금을 위해 암호화폐를 이용해서 수익금을 보내준다고 했다. 송금 절차로는 USDC(코인은 365일 24시간 거래할 수 있기 때문에 암호화폐로 지급한다고 했다. 이때 코인을 처음 들어봤다)로 바이낸스 거래소로 출금 요청하고, 바이낸스 거래소에서 USDC를 이더리움으로 전환해 국내 거래소인 업비트로 보냈다. 업비트에 입금된 이더리움을 원화로 바꾸는 절차로 진행되었다. 이런 복잡다단한 단계를 거쳐서 현금을 쥘 수 있었다. 코인도, 거래소 등록도 모르던 내가 가상자산의 세계를 접하게 된 것이다.

감사하게도 누적된 수익금을 처음 인출할 즈음 2개월이 안 되어 1,000만 원이라는 큰 금액이 쌓여 있었다. 한 번도 불로소득으로 돈을 벌어본 적이 없었던 나는 신세계를 만난 듯 신기했다. 이렇게만 계속된다면 평생 일 안 하고도 배불리 먹고살 수 있을 것 같았다. 그런데 놀라움과 환희의 기쁨도 잠시 갑자기 출금이 막혀 버렸다. 말레이시아에서 대표가 사기죄가 의심되어 구속되었다는 슬픈 소식이 날아들었다. 세상에 이런 일이! 사기가 아닌 것을 증명하는 재판이 이루어질 때까지는 출금은 보류 상태라고 했다.

'제대로 낚인 건가?' 순간 불길한 예감이 들었다. 변호사를 선임하고 빠르게 재판 진행이 되기를 기도하는 것만이 이국만리인 한국에서 할 수 있는 일이었다. 구속 수사 중에도 간헐적으로 출금이 허락되어 1,000만 원씩 몇 번의 입금을 받게 되었다. 그로부터 1년에 가까운 시간이 지나서 구속이 풀리고 출금이 재개되는 듯했다. 그런데 갑자기 추가 투자금 500달러를 투자한 사람들에게만 출금을 허락한다는 것이었다. 그제야 FX마진거래의 운영자가 갑이고, 투자자들은 완벽한 을이라는 사실을 알았다. 얼마나 멍청한 투자였던가. 그들의 요구에 울며 겨자 먹기로 추가금을 입금해야 하는 현실에 직면했다. 없는 돈을 탈탈 털어서 추가로 500달러를 입금하고 찔끔찔끔 수익금을 인출 요청하는 데도 사정해야 하는 상황이었다.

친한 지인, 믿을 만한 사람이라도 투자는 냉정하게

'제대로 알아보고 투자한 것이 맞는가?'를 나 자신에게 물었다. 존경하고 믿을 만한 언니가 가져온 정보였기에 의심하지 않았다. 마진거래에 대한 막연한 희망만을 품고 시스템에 대한 검증 없이 불나방처럼 뛰어들었던 내 책임이다. 결과는 구구절절한 스토리를 다 말하지 않아도 새드 엔딩이다.

이 경험을 통해 절실하게 깨달은 것은 투자금은 내 손을 떠난 즉시 내 돈이 아니라는 사실이다. 리스크 없는 투자는 존재하지 않지만, 정확한 정보를 얻는 데 들이는 노력과 시간만큼 손해율은 줄일 수 있다. 그렇기에 투자를 결정하기 전에 심사숙고하고 제대로 알아보고 검토하는 작업이 반드시 선행되어야 한다. 묻지 마 투자에 가까웠던 첫 경험을 통해 큰 교훈을 얻었다.

너는 손절하니?
나는 익절한다

코인 투자 전에 알아야 할
기초 상식들

가상자산 거래소 알아보기

코인 투자를 위해 가장 먼저 알아야 할 것은 가상자산 거래소에 계정을 여는 일이다. 가상자산 거래소는 크게 중앙화 거래소(CEX Centralized Exchange)와 탈중앙화 거래소(DEX Decentralized Exchange)로 나뉜다.

중앙화 거래소(CEX)는 우리가 흔히 이용하고 있는 빗썸, 업비트, 바이낸스, 코인원 바이낸스 후오비 등이 대표적인 거래소다. CEX는 거래소가 운영 주체가 되어 거래 내역 및 입출금에 대한 여러 과정을 관리하는 형태다. 장점으로는 DEX 거래소에 비해 상대적으로 최적화가 잘

되어 있고, 인터페이스가 어느 정도 구성되어 있기에 쉽고 편리하다는 이유로 투자자들의 진입장벽이 낮은 편이며, 이를 통해 거래량이 많고 거래 진행 속도가 빠르다.

중앙화 거래소의 단점 중 하나는 중앙집중화된 운영방식 때문에 거래소를 상대로 해킹을 꾸민다면 중앙화 거래소를 선택할 가능성이 크다. 이유는 중앙화된 기관 한 곳에서 모든 자산을 보관하고 있으므로, 일부분만 해킹하면 모든 자산에 접근할 수 있기 때문이다. 최근에 세계 3대 거래소로 손꼽히는 FTX의 파산설로 많은 투자자의 손실에 대한 우려감으로 가상자산 시장의 분위기가 침체되었다. 이번 사건으로 많은 투자자가 중앙화 거래소에서 탈중앙화 거래소인 DEX로 무게중심을 옮겨가고 있다.

탈중앙화 거래소(DEX)는 P2P 거래 형태로, 개인과 개인이 직접 거래하는 스마트 컨트랙트 방식의 거래소다. 흔히 유니스왑, 펜케이크스왑, 스시스왑, dydx 등 Swap류의 거래소들이 이에 해당한다. CEX에 비해 개인 간의 거래가 주로 이루어지기에 해킹에 대한 불안이 적으며, 상대적으로 안전하다고 평가할 수 있다. 다만 사용자 인터페이스(UI)를 다루기 쉽지 않다는 점, 위험이 큰 가상화폐가 다수 존재한다는 점 등은 단점이다.

국내에는 특금법을 통과한 원화거래소로 빗썸, 업비트, 코인원, 코빗, 고팍스 등 5개의 거래소가 있다. 해외 가상자산 거래소는 세계 최고의 가상자산 거래소인 바이낸스나 코인베이스, 후오비, 크라켄, 쿠코인 등이 있다.

출처 : 코인데스크코리아

빗썸은 대한민국의 가상화폐 거래소 1세대로 2014년에 '엑스코인'이라는 이름으로 암호화폐 거래 서비스를 시작했다. 2015년에 현재의 명칭으로 변경한 빗썸은 국내에 가장 많은 코인이 상장되어 있다. 관심 있는 코인들을 국내에서 매수하기에 편리한 장점이 있고, 연결계좌는 농협중앙회다.

업비트는 '두나무'에 의해 2017년 10월에 출시한 대한민국의 암호화폐 거래소다. 카카오톡 계정을 이용해 손쉽게 계좌 개설과 로그인을 할 수 있어 국내에서 가장 많은 유저를 가지고 있다. 모바일 사용에 최적화된 서비스를 제공하고 있으며, 입출금 계좌는 K뱅크로 연결하면 된다.

그 외 코인원, 코빗, 고팍스 등 각각 거래소별 특징이 있으며, 연결된 계좌는 코인원 거래소는 농협, 코빗은 신한은행, 고팍스는 전북은행과 입출금 계약이 진행되어 있다.

지갑(월렛)의 중요성

코인 거래 시 거래소에서 형성되는 지갑 주소는 은행의 계좌번호와 같다. 거래소에서 형성된 지갑(가상화폐 월렛을 지칭)은 거래소 사이트가 해킹을 당하거나 서버가 다운되거나 하면 이용이 어렵기 때문에 개인 지갑(월렛)을 별도로 운영하는 방법을 추천한다.

암호화폐 지갑은 크게 핫 월렛과 콜드 월렛으로 나눌 수 있다. 나누는 기준은 인터넷 연결 유무 상태에 따라 나눈다. 핫 월렛은 인터넷을 통해 실시간으로 편리하게 이용할 수 있다. 온라인 상태에서 거래를 주고받을 수 있으며, 실시간으로 거래 정보를 주고받다 보니 '뜨겁다'라고 표현한다. 반면 콜드 월렛은 온라인에 연결되지 않은 오프라인 상태다. 사용할 때만 접속해서 거래를 진행하기 때문에 '오프라인 지갑'이라고 부르며 '차갑다'라고 표현한다.

각각의 지갑(월렛)에는 장단점이 있다. 개인 지갑(월렛)으로 메타마스크나 트러스트 월렛 같은 핫 월렛을 이용하시는 분들은 주목하기 바란다. 별 다섯 개를 줄 만큼 아주 중요한 내용이다. '니모닉'이라고 하는 코드(=구문, seed words)는 절대로 잊어버리면 안 된다. 비밀번호는 잊어버려도 다시 찾을 수 있지만, 니모닉 코드를 분실하면 영원히 지갑을 잃어버리는 불상사가 생길 수 있다. 니모닉 코드는 온라인상으로 카톡 '나에게 보내기' 기능을 사용하거나 메일로 전송하기, 스마트폰으로 촬영해 이미지 저장 등은 해킹의 위험성이 있어 지양해야 할 행동이다. 아날로그 방식으로 2~3장 정도를 포스트잇에 수기로 적어서 기억할 만한 장소에 각각 보관하는 것이 가장 안전하다. 별도의 노트에 적어두는 것도 한 가지 방법이다.

반면 콜드 월렛은 인터넷이 차단된 하드웨어 장치(USB 형태가 많음)에 암호화폐를 보관하고, 개인 키를 오프라인에서 처리해서 보내기 때문에 보안 측면에서 더 안전하나 실시간 거래가 어려워 불편할 수 있다. 대표적인 콜드 월렛으로는 디센트, 나노렛저 등이 있는데, USB 형태라서 이 또한 분실이나 도난 시 소중한 재산을 잃어버릴 수 있다. 코인 거래에서 아무리 강조해도 지나치지 않는 지갑(월렛)은 어떤 게 안전할까? 그 누구도 해킹할 수 없고, 도난이나 분실로부터 안전한 지갑(월렛)은 없을까? 궁하면 통한다고 했던가. 소중한 가상자산을 안전하게 보관할 지갑(월렛)을 찾았다. 더구나 이 지갑(월렛)을 구매하고 난 후 노드 보상으로 매일매일 수익이 생기는 행운까지 얻었다.

노드(node)는 컴퓨터 과학에 쓰이는 기초적인 단위다. 노드는 대형 네트워크에서는 장치나 데이터 지점(data point)을 의미한다. 기초 단위이기 때문에 특정한 것을 뜻하지는 않으며, 블록체인 유지를 위한 모든 장치로 이해하는 것이 좋겠다. 역할에 따라 지갑과 채굴자 등으로 해석할 수 있다. 따라서 노드 보상이란 네트워크 참여자들에게 노드 운영에 따른 보상을 지급하는 것을 뜻한다.

Vein-X라는 지정맥 인증 스마트 워치를 통한 콜드 월렛은 4장의 '코인으로 매일 이자 받는 노하우는 따로 있다'에서 자세히 안내하도록 하겠다.

매도, 매수 시 알아두면 유익한 팁

코인 거래는 매수하거나 매도할 때 소수점 8자리까지 거래할 수 있다. 즉 1,000만분의 1의 자리까지 거래할 수 있으므로 1원 단위까지 소액 거래가 가능하다. 가상자산 거래를 위해 배우는 코린이 입장에서는 만 원대 소액으로도 거래 시뮬레이션을 충분히 해볼 수 있다.

업비트 기준 코인을 매수 매도 시 0.05%의 거래 수수료(부가세 포함)가 발생한다. 지갑 이동(출금) 시에도 수수료(부가세 포함)가 있다. 비트코인의 경우 0.0009BTC, 이더의 경우 0.001ETH, 리플의 경우 1XRP가 출금액에 관계없이 회당 수수료가 있다.

우리나라 거래소를 통해 코인을 매수할 경우 KRW/BTC 마켓으로 구분해 시장에 참여할 수 있다. 예를 들어 업비트에서 파일코인을 매수하려고 할 경우 원화 마켓에는 없고, BTC(비트코인) 마켓에서 거래가 가능하기 때문에 원화를 비트코인으로 환전해서 구입해야 한다.

1 국내 거래소에 거래되지만 원화 마켓에 없는 코인 매수 시
　　원화 → 비트코인으로 환전 → 해당 코인 매수

2 해외 거래소에 있는 코인을 매수하고자 할 경우
　　국내 거래소 원화 → 비트코인, 이더리움, 리플, 트론 등으로 환전 →
　　해외 거래소로 출금 → 원하는 코인 매수

2022년 3월 25일부터 가상자산도 트레블 룰(Travel Rule, 자금 이동 추적 시스템으로, 금융권에서 자금세탁을 방지하기 위해 송금자의 정보 등을 기록하는 것을 말한다)이 적용되고 있어 100만 원 이상 전송하는 경우, 송·수신인의 신원 정보를 의무적으로 제공해야 한다.

코인 투자 전에 알아야 할 기초 상식들

기본적으로 코인 거래를 위한 거래소 이해하기와 지갑에 대한 중요성, 그리고 코인 거래 시 알아두면 좋을 팁들을 정리해봤다. 눈으로 보기만 해서는 실력이 늘지 않는다. 잘 이해하고 숙지가 된 상태라면 개설하고 싶은 거래소 하나를 정하고 계정을 열어 보자.

이것만 알아도
반드시 익절한다

지피지기백전불태

　NBA 농구 선수였던 샤킬 오닐(Shaquille O'neal)이 투자의 귀재란 사실을 아는가? 그는 많은 은퇴 선수들의 파산을 보고 미리 은퇴 후를 대비했다고 한다. 샤킬 오닐은 프랜차이즈 업체인 '크리스피 크림 도넛'에 투자하고 있다. 왜 크리스피 크림 도넛에 투자하냐고 하니 본인이 잘 알고 있고 좋아하기 때문이란다. 성공한 부자들의 흔들리지 않는 투자 철학 중 첫 번째는 바로 잘 아는 기업에 투자하는 것이다.

　나의 지인 중에 남편이 KAI(한국항공우주산업)에 근무하는 분이 있다. 대화 중에 남편 출장 이야기를 하던 중 직접 페리 수출을 담당하는 사실을 알게 되었다. 이 소식을 듣고 곧바로 KAI 주식을 샀다가 2배 가까이 올랐을 때 적절한 수익을 보고 매도한 경험이 있다. 이처럼 투자하려고 하는 대상에 대해 얼마나 잘 아는지가 중요하다.

사람들에게 효용가치가 있는가?

성공한 부자들의 흔들리지 않는 투자 철학 중 두 번째는 사람들의 삶을 변화시키는 산업인지를 보고 투자하는 것이다. 투자의 귀재라는 칭송을 받는 샤킬 오닐은 구글의 초기 투자자이기도 하다. 구글 주식을 아직도 가지고 있으며, 계좌를 쳐다보지도 않는다고 한다. 일론 머스크(Elon Musk)가 이끄는 테슬라에 일찌감치 투자한 사람들이나 비트코인(BTC)의 '비'자도 모를 때 투자해서 보유하고 있는 사람들이 있다. 이들의 투자 스토리를 들어보면, 사람들의 삶에 변화를 가져다줄 산업이라는 판단하에 투자를 결정했다고 한다. 이렇게 시대의 트렌드를 읽고 그 산업에 초기 투자하는 데는 나름의 내공이 필요하다. 또한, 관련 산업에 관한 공부와 배경지식이 뒷받침되었을 때 기회를 잡을 수 있다.

투자에서 가장 중요한 마인드 컨트롤

어떤 투자든 흔들리지 않고 지속적으로 유지하려면 자기 확신과 마음의 안정이 최우선되어야 한다. 모든 투자에는 위험이 따르는 만큼 투자할 대상을 잘 알고 투자해야 성공률을 높일 수 있다. '투자하고자 하는 코인에 대해 얼마나 잘 알고 있는가? 그 코인이 사람들의 삶에 얼마나 많은 변화와 편리를 제공할 수 있는가?'에 대해 스스로 알아보고, 확신 있는 투자를 하는 것이 중요하다. 자기 확신의 크기만큼 요즘 같은 하락장에서도 흔들림 없는 멘탈을 가질 수 있기 때문이다.

반대로 주변의 풍문에 휩쓸려 욕심으로 달려든 투자라면 하락장이 왔을 때 견딜 수 없을 것이다. 특히 코인 투자의 경우 변동 폭이 크다 보니까 눈앞에서 천국과 지옥을 왔다 갔다 한다. 수익률에 대한 욕심에 시야가 어두워지기 쉽다. 욕심을 내려놓고 길게 보는 연습이 필요하다. 우리는 시대의 흐름에 맞춰 새로운 지식을 쌓겠다고 결심한 사람들이지 않은가?

시간이 흐를수록 화폐 가치가 점점 하락하므로 코인으로 헤지(금전 손실을 막기 위한 대비책)하는 수단으로 이용하자는 마음을 갖자. 건강한 코인은 시간 속에서 우상향한다는 여유를 가지고 있으면, 당신이 목표한 소득은 시간 차만 있을 뿐 반드시 달성할 것이다.

워런 버핏의 명언 중 "위험은 자신이 무엇을 하는지 모르는 데서 온다(Risk comes from not knowing what you're doing)"라는 말이 있다. '아는 것이 힘이다'라는 명언과 일맥상통한다. 투자에 성공하기 위해서 엄청난 재능과 학벌이 필요한 것은 아니다. 관련 지식과 정보로 보통 사람들도 투자해서 충분히 성공할 수 있다. 아는 만큼 보이는 법이다! 기회가 왔을 때 그것을 기회로 받아들일 수 있는 안목을 키워나가자. 평안한 가운데 성공 투자의 길을 갈 수 있도록 더 많은 책을 읽고, 공부하며, 생각하는 힘을 기르는 것이 중요하다.

코인으로 부자 되는
방법 3가지

코인으로 부자 된 신흥 억만장자 출현

부자의 순위가 바뀌고 있다. 기술 혁신으로 산업 패러다임이 바뀔 때마다 신흥 억만장자가 탄생한다. 철도의 등장으로 밴더빌트(Vanderbilt)와 카네기(Carnegie) 가문이 막대한 부를 축적했고, 석유왕 록펠러(Rockefeller) 가문이 탄생했다. 이후 인터넷과 IT 산업이 발전하면서 빌 게이츠(Bill Gates)와 제프 베이조스(Jeff Bezos), 일론 머스크, 마크 저커버그(Mark Zuckerberg) 등 디지털 시대의 억만장자가 생겨났다.

가상화폐 시장이 전 세계 '부의 지도'를 바꾸고 있다. 코인 또는 관련 사업으로 부를 창출한 이들이 속속 늘어나면서 전 세계를 비롯한 한국의 부자 순위에도 영향을 미치고 있다.

코인으로 부자 되는 방법 3가지

1 코인 개발자

2021년 포브스 자료에 의하면 총 2위의 암호화폐(가상화폐)인 이더리움이 3,400달러를 돌파하는 등 급등하자 창시자인 비탈릭 부테린(Vitalik Buterin)의 재산도 10억 달러를 돌파해 억만장자의 반열에 올랐다. 1994년생인 그는 억만장자 중 최연소다. 그는 현재 33만 3,500개의 이더리움을 보유하고 있다. 이를 달러로 환산하면 11억 9,600만 달러(약 1조 4,764억 원)다.

부테린은 러시아 출신이지만 캐나다에서 자란 것으로 알려졌고, 열일곱 살 때인 2011년에 프로그래머인 아버지에게 처음 비트코인에 관한 이야기를 들은 뒤 열아홉 살에 이더리움 설계도를 만들었다.

리플을 만든 크리스 라슨(Chris Larsen)은 리플 52억 개와 회사 지분 17%를 소유해서 한때 미국 5위 부자로 등극한 적이 있다. 리플은 '블록체인 기술을 사용한 국제 지불 수단'이라고 정의한다. 즉, 은행 간 송금을 저렴하고, 편리하게 처리하기 위해 만들어진 기술이다. 리플은 현재 100여 개의 은행에 달러나 엔화, 유로 등을 빠르고 저렴하게 송금할 수 있는 소프트웨어를 제공한다.

라이트코인 창시자 찰리 리(Charlie Lee)도 가상화폐를 통해 세계적인 부자가 된 사람이다. 찰리 리는 MIT 출신으로 구글에서 소프트웨어 엔지니어로 근무하던 중 2011년에 비트코인을 처음 접하게 되었다. 그는 2011년 10월에 비트코인보다 더 작고 가벼우며 빠르고 새로운 암호화폐인 라이트코인을 개발했다. 2013년에 구글을 떠나 미국 코인베이스(Coinbase) 거래소의 엔지니어링 이사로 일했다. 2017년 1월에 불과 4.36달러(약 5,380원)였던 라이트코인 가격은 불과 1년 만에 무려 75배나 상승한 330.14달러(약 40만 원)까지 올랐다. 2017년 12월에는 역대 최고 금액에 도달해 당시 라이트코인의 시가총액이 180억 달러(약 22조 원)에 이르게 되었다.

2 거래소 운영자

바이낸스

세계 최대 가상화폐 거래소 바이낸스의 창업자인 자오창펑(趙長鵬)은 아시아 최고 부호 자리에 올랐다. 자오창펑은 중국계 캐나다인으로 자신이 만든 바이낸스를 성장시켜 개인 재산이 1,000억 달러에 이르는 가상화폐 업계 최고 거부다. 블룸버그 집계에 의하면 그의 자산은 약 960억 달러(약 118조 원)로 세계 부자 순위 11위에 올랐다. 세계 1위 부자인 일론 머스크 테슬라 최고경영자(CEO)를 비롯해 아마존의 제프 베이조스(2위), 마이크로소프트의 빌 게이츠(4위) 등 글로벌을 대표하는 억만장자 창업자들과 어깨를 나란히 하며 10위권 내 진입을 눈앞에 두고 있는 것이다.

코인베이스

블룸버그 억만장자 지수에 따르면, 미국 최대 가상화폐 거래소 코인베이스 최고경영자(CEO) 브라이언 암스트롱(Brian Armstrong)의 개인 자산은 2021년 11월 137억 달러(약 16조 9,126억 원)였다.

③ 코인 초기 투자자

코인 초기 투자자는 비트코인으로 대박을 낸 공식 기록으로 유명한 윙클보스(Winklevoss) 형제다. 이 형제는 2012년 말부터 비트코인에 투자했다. 〈포춘〉이 보도한 바에 따르면, 당시 비트코인 가치가 개당 120달러일 때 산 것으로 추정되는데 당시 1,100만 달러를 투자했다. 비트코인 보유뿐만 아니라 가상화폐 거래소 제미니의 공동 창업자이기도 하다.

마이크로 스트레티지의 CEO인 마이클 세일러(Michael Saylor)는 비트코인(BTC) 예찬론자다. 그는 비트코인을 단순히 투자처로만 보지 않고, 세계 최초의 기술로 거래 대상이 아닌 세상살이의 방식이라고 보고 BTC 투자에 적극적이다.

어떤 방법으로 부자가 되고 싶은가?

앞서 안내한 3가지 방법 중 당신은 어떤 방법으로 부자가 되고 싶은가? 〈중앙일보〉 2022년 3월 기사를 보면, 국내에서 거래되는 암호화폐의 시가총액이 2021년 말 기준 55조 2,000억 원으로 집계되었다. 현대차의 지난해 말 종가 기준 시가총액(44조 6,570억 원)보다 크다. 실명인증을 완료한 이용자는 558만 명(중복 포함)이다. 이 중에 암호화폐를 10억 원어치 이상 보유한 사람은 4,000여 명이다.

이 기사를 통해 많은 사람이 코인 시장에서 부를 얻으려 한다는 것을 알 수 있다. 코인 단순 보유자에서 좀 더 나아가 요즘은 코딩을 통해 누구라도 코인 개발자가 될 수 있다. 발행한 코인이 가치가 있고, 수요가 생기면 가격상승을 기대할 수 있다. 거대 자금이 들어가는 거래소 운영까지는 아니더라도 코인 개발자가 되어 코인으로 부자가 되는 방법도 가능하다.

우리가 눈여겨볼 만한 투자 중 하나는 초기 투자다. 물론 듣보잡(듣지도 보지도 못한 잡코인)인 코인에 선뜻 투자하기란 어렵겠지만, 3가지 방법 중 가장 접근성이 좋아 보인다. 그러기 위해 ICO를 하는 코인들의 생태계나 메커니즘을 백서를 통해 알아보고, 커뮤니티에 참여하는 등의 노력이 필요하다. 코인으로 큰 부자가 되기를 원하는 사람이라면 정확한 정보를 파악하는 데 필요한 시간과 노력을 반드시 투자해야 한다. 세상에 공짜는 없다. 노력이라는 대가 지불이 있어야 성공이라는 달콤한 열매를 맛볼 수 있다.

명확하게 세운 투자 원칙,
불안할 때 흔들리지 마라

초심을 잃지 말자

물을 무서워하는 내가 생존을 위해 수영을 배워야겠다 생각하고 수영장에 등록한 적이 있다. 수영 코치는 아들뻘 되는 젊은 총각이었다. 나이를 떠나 새로운 것을 처음 배울 때 우리는 낮은 자세에서 가르침을 받는다. 그리고 그 가르침대로 따라 하며 수영 기술을 익히게 되었다. 물에 뜰 줄도 모르다가 자유형으로 나아갈 때의 기쁨은 세상을 다 가진 듯한 성취감에 수영장 가는 길이 즐겁기만 했다. 조금 더 시간이 지나니 내 마음대로 멋지게 수영하고 싶어졌다. 25m 레일을 완주하기도 버거우면서 우아한 자세만 생각하다 연거푸 물을 마셨던 경험이 있다. 기초가 탄탄하게 잡힐 때까지는 거듭된 연습이 필요하다. 그래야 기술도 늘고, 실력도 늘어서 어떤 상황에서든 제대로 된 자세가 나온다.

투자에서의 기초

모든 일에는 기초가 중요하다. 건물을 지을 때도, 공부할 때도 기초부터 탄탄히 다져야 한다. 특히 투자 영역에서 탄탄한 기초는 아무리 강조해도 지나치지 않는다. 당장 돈이 된다는 말에 무분별한 투자를 해서는 실패 확률만 높일 뿐이다. 기업에 대한 기본적인 분석도 할 줄 모르면서 지라시만 믿고 무작정 주식을 산다든지, 부동산 관련 세금도 이해하지 못하면서 수익형 부동산에 투자하는 우를 범하지 말자. 진짜 투자 고수들은 말한다. 투자 영역이야말로 진정 자신의 실력에 맞춰 투자해야 한다고!

한국의 부동산 셀럽 중 배종찬 교수는 《지속가능한 부의 비결》에서 부동산 투자에 성공한 사람들과 실패한 사람들의 차이가 있다고 했다. 부동산 투자에 성공한 사람들은 안전한 투자를 선호하고, 장기적인 관점에서 편안한 투자를 하더라는 것이다. 그래서 자주 매매하는 것이 아니라 언젠가는 오르겠지 하는 마음으로 오래 보유하고 있는 특징을 가지고 있다.

반면 부동산 투자에 실패한 사람들은 한마디로 대박을 좇는 사람들이었다. 지나치게 고수익 목표를 세우고 짧은 시간에 높은 수익이 나는 매매에 신경을 쓰다 보니 기획 부동산 회사나 사기꾼들의 꼬임에 빠지게 되어 나쁜 결과로 끝나게 되는 경우가 많았다고 한다. 부동산을 잘한다는 것은 결국, 기본기에 충실한 투자를 한다는 것을 의미한다. 이것은 부동산 투자뿐만 아니라 주식이나 코인 투자도 동일하다. 재테크의 3원칙인 안정성, 수익성, 환금성을 토대로 투자하고자 하는 대상에 대해 충분히 공부하고, 검토하는 기초 체력을 키우는 시간이 반드시 필요하다.

투자의 3원칙

나는 개인적으로 코인 투자 시 다음과 같은 3가지의 원칙을 정해서 투자한다.

첫 번째로는 코인 선택 시 발생 배경이나 개발자 등 히스토리를 살펴보고, 코인의 미래 발전 가능성을 체크한 뒤에 내가 확신하는 만큼만 투자한다. 코인에 대한 나의 확신과 투자 금액은 정비례한다(안정성 체크).

두 번째로는 최소 2~3년 이상 보유한다는 생각으로 투자한다. 오늘 사서 내일 파는 단타가 아니라 최소 2~3년간 보유를 목적으로 하락장에서는 추가로 매집하고 있다(코인의 특성상 하루 만에도 원화로 환전할 수 있는 환금성이 장점이지만, 최소 2~3년 정도 묶힘으로 수익률 증가에 목적을 두고 있다).

세 번째로는 수익률에 대한 기준을 최소 30% 이상으로 한다. 물론 모든 코인에 동일한 기준으로 수익률을 정하는 것은 아니다. 코인에 따라 매수할 때부터 정한 수익률이 있다. 그 전에는 절대 매도하지 않는 뚝심을 지키고 있다(수익성 체크 : 원금 손실을 만들지 않는다는 절대적인 철칙 고수).

여기서 가장 중요한 포인트는 코인의 선택이다. '순간의 선택이 10년을 좌우한다'라는 금성사(현 LG전자)의 금성칼라TV 하이테크 제품의

카피처럼 투자에서 가장 중요한 핵심은 얼마큼 잘 아는 종목을 선택하느냐는 것이다. 《부자 아빠 가난한 아빠》에서는 '투자는 무엇을 사는 것이 아니라 그것을 아는 것'이라고 말한다. 더 많이 배워서 익힐수록 더 많이 알게 되므로 '지피지기백전불태(知彼知己百戰不殆)'가 된다. 자동으로 많은 돈을 벌 수 있는 구조가 된다. 배움과 성공이 정비례한다는 사실은 시간이 지날수록 경험과 지혜를 축적하기 때문이다. 우리가 건강한 코인을 분별할 능력이 생길수록 나의 자산 가치는 높아진다.

명확하게 세운 나만의 투자 원칙, 불안할 때 흔들리지 마라

이렇게 나만의 투자 원칙을 세우고 투자를 하다 보면 불안한 시장에서도 견딜 수 있는 정신력을 소유하게 된다. 반대로 더 많은 수익이 날 때도 '조금만 더'라는 욕심 대신 여기까지가 내 수익률이라는 마음으로 매도 버튼을 누를 수 있다. 지속적인 성장세를 보이는 코인 시장에서 하루 이틀이 아닌 장기적인 투자를 위해서는 반드시 나만의 투자 원칙이 있어야 한다. 명확하게 세운 나만의 투자 원칙을 정하고 그대로 실행할 때 성공 확률은 점점 높아진다.

왕초보, 이것만은 반드시 알고 투자하자

변동성이 큰 코인 시장에 투자하려고 마음을 먹었다면?

변동성이 크고 수익률이 높은 가상자산에 투자하기로 마음을 먹었다면, 먼저 코인의 기본적인 구조를 이해해야 한다. 예를 들어 매수하고 싶은 A라는 코인에 대해 기본적인 구조는 어떻게 알아볼 수 있을까? 주식과 달리 재무제표가 없으므로 재단(foundation)에서 발행한 백서(white paper)를 기본적으로 검토해보는 것이 좋다. 해당 개발 및 마케팅 이슈들은 재단의 홈페이지나 SNS 커뮤니티(Telegram channel, Twitter, Reddit, Discord 등)를 통해 찾아볼 수 있다.

충분히 검토해서 투자 결정을 했다면, 변동성이 큰 자산일수록 부담없는 금액으로 시작하는 게 바람직하다. 처음부터 큰돈을 투자해서 버락부자를 꿈꾸기보다는 매월 동일한 금액으로 꾸준하게 투자하는 것도 좋은 방법이다. 적은 금액을 꾸준히 투자하는 것이 장기간에 걸쳐 부자가 되는 지름길이 된다. 급여에서 일정한 비율을 정해놓고 주식이나 코인에 꾸준하게 투자하라. 이것이 습관이 되면 놀라운 결과가 발생한다. 아주 작은 습관의 힘이 무기가 되는 것처럼 작은 금액이 누적되어 복리의 효과로 엄청난 수익을 가져오게 된다.

돈, 뜨겁게 사랑하고 차갑게 다루어라

유럽의 워런 버핏으로 불리는 앙드레 코스톨라니(André Kostolany)는 주식을 사고 수면제를 먹은 뒤에 10년 후에 깨어나면 부자가 되어 있을 거라고 했다. 부자가 되는 방법은 좋은 종목에 투자해서 10년을 버티는 장기 투자의 중요성을 이야기했다.

가상자산 시장도 거시적인 관점에서 바라보고 투자에 입문하는 것이 바람직하다. 2009년에 비트코인이 처음 출시되었을 때는 지금처럼 많은 사람에게 관심의 대상이 아니었다. 그 이후 많은 코인 개발자들이 등장하고 시장이 형성되어 가고 있으나 지금도 역시 코인을 이해하고 시장에 참여하는 사람들은 소수다. 앞집 슈퍼 아주머니도 알 정도로 상식이 되었을 때는 돈 벌 기회가 그만큼 줄어든다는 말이 있다.

세상 사람들이 코인을 알기 전부터 초기 시점에 투자한 투자자들이 있다. 에이다 등 ICO에 투자하고 중간에 매도하지 않고 지금까지 보유하고 있는 사람 중에 거액의 자산가들이 있다. 그들은 코인을 보유한 뒤 바로 파는 단기 투자가 아니라 장기적으로 보유한 사람들이다. 미래 성장 가능성이 있는 가상자산(코인)을 발굴하는 안목을 키우고, 매월 일정한 금액으로 매집해 가다 보면 어느새 부자 열차에 탑승해 있을 것이다.

거래의 신중성 및 안전한 지갑 관리

가상자산 거래의 특징 중 하나는 취소나 복원이 불가능하다. 코인 거래 시 한 번의 실수로 엄청난 손실을 볼 수 있으므로 신중에 신중을 기해야 한다. 코인 이체 시 잘못된 지갑 주소로 보낸 실수도 정상적인 거래로 블록체인에 기록되므로, 이체 시에는 지갑 주소가 맞는지 꼭 한 번은 검토하고 전송해야 한다.

가상자산 지갑 주소는 일반 은행 계좌처럼 숫자의 나열이 아닌, 숫자와 알파벳 대소문자의 조합으로 되어 있다. 예를 들면 '3MUcDzWtx5C*********d3wuVkRooyLQr' 같은 형태다. 이런 복잡한 주소를 기억한다는 것은 거의 불가능에 가깝다. 그래서 실수하지 않는 팁은, 앞의 3자리와 뒤의 3자리만 기억하는 방법이다.

3MUcDzWtx5C*******d3wuVkRooyLQr**

코인 이체 시 복사해서 붙여 넣기 형태로 이체하더라도 다시 한번 검토할 때 앞뒤 3자리의 문자가 동일한지 체크하면 실수를 막을 수 있다.

지갑(월렛) 이야기가 나왔으니 앞에서도 언급했지만 더욱 강조할 부분은 개인 지갑으로 가상자산을 안전하게 보호하는 것이다. 거래소 지갑(월렛) 사용 시에는 반드시 이중인증(OTP)을 하는 것이 안전하다. 더불어 코인 보유액이 많다면 메타마스크, 트러스트 월렛과 같은 개인 지갑(월렛)으로 옮겨서 보관하는 것이 조금 더 안전할 수 있다. 비밀번호는 수첩에 잘 적어서 보관하고, 니모닉과 같은 시드구문은 별도로 여러장에 적어서 나누어 보관하는 것이 비밀번호를 잃어버렸을 때를 대비할 수 있는 방법이다.

만약 고액의 코인을 보유한 자산가라면, 인터넷과 분리된 나노렛저와 같은 콜드 월렛 사용을 권한다. USB 형태의 콜드 월렛이나 요즘 새로 출시한 워치형 스마트 월렛도 있으니 관심 있게 지켜봤으면 좋겠다.

소중한 자산은 내가 지킨다

국내 거래소인 빗썸에서 2018년 6월, 350억 원 상당의 가상화폐가 탈취당한 사건이 있었고, 2019년 11월에는 국내 최대 거래소인 업비트에서 1,260억 원의 엄청난 금액을 해킹당했다는 보도가 있었다. 이처럼 거래소마저 해커들의 공격 대상이 되기도 한다. 해킹으로부터 나의 소중한 자산을 지키기 위해서는 해킹 피해보상 기준이 있는 안전한 거래소인지 확인하는 것은 물론, 고객정보 안전인증 기준을 가지고 있는 특금법을 통과한 거래소를 이용하는 것이 안전하다. 구글 OTP 인증을 사용하고, 콜드 월렛 지갑을 사용하는 등 소중한 자산을 지키기 위한 투자자 개인의 노력이 필요하다.

가상자산의 경우 미래 산업으로 시장 규모가 점점 커지는 상황이다 보니 거래량도 늘어날 것이다. 이때 소중한 자산이 들어 있는 지갑(월렛)을 분실하거나 거래소 자체가 해커의 공격을 받거나 서버가 다운되는 등의 문제가 발생한다면 고스란히 우주 속으로 사라질 위험이 있다.

처음 입문하는 코린이들에게 긍정적이고 희망적인 부분보다 신신당부하는 말을 하게 되어 분위기가 다소 가라앉을 수 있으나, 코인 거래의 신중성과 지갑 관리는 아무리 강조해도 지나치지 않는다.

당신을 부자로 이끌어줄 건강한 가상화폐에 주목하라

전 세계에는 얼마나 많은 가상화폐가 있을까?

세계적인 가상자산의 규모와 흐름을 파악하기 위해 가장 적절한 데이터를 제공하는 사이트는 코인마켓캡(https://coinmarketcap.com/ko/)이다. 전 세계적으로 등록된 암호화폐 수는 무려 2만여 개에 이른다. 전문가들은 현재 2만여 개 코인 중 1%만 살아남을 코인이라고 전망하는데, 1%에 해당하는 200여 개의 코인을 고르는 방법은 무엇일까? 끝까지 살아남을 200여 개의 코인 중 나의 미래를 밝혀줄 코인은 어떤 기준으로 골라야 할까? 사라질 위험성이 있는 99%가 아닌 1% 생존할 코인을 선택하려니 궁금한 것이 많아진다.

세계 디지털화폐의 큰손

세계적인 디지털화폐 시장에 주력하는 벤처 캐피탈 회사인 DCG(Digital Currency Group)라는 그룹이 있다(https://dcg.co/).

| 자료 3-2 | DCG그룹 홈페이지

출처 : Digital Currency Group

DCG그룹 계열사 중 하나인 코인베이스라는 최대 암호화폐 거래소가 2021년 4월 14일에 최초로 나스닥에 직상장했다. 코인베이스는 개인 및 기관의 투자를 받아 가상자산 관련 금융시비스를 하는 곳으로, 기업가치 110조 원의 가치를 인정받으며 화려하게 증시에 데뷔했다. DCG는 이런 코인베이스의 주인이며, DCG의 대주주는 마스터카드이고, 마스터카드의 지분은 미국 대형 은행이 가지고 있다. 나스닥과도 커넥션이 있는 초대형 그룹으로 비트코인을 움직이는 거대 세력 중 한 곳으로 이해하면 되겠다.

DCG그룹에는 그레이스케일이라는 세계 최대 가상화폐 투자 운용

회사도 있다. 2013년부터 투자한 암호화폐 운용 자산은 약 404억 달러로 우리나라 돈으로 계산했을 때 약 49조 8,738억 원이다. 운용하는 자산이 많은 만큼 그레이스케일을 신뢰하는 사람들이 많고, 이 포트폴리오를 그대로 따라 하는 사람들도 있다.

부자들이 하는 행동만 따라 해도 부자가 될 수 있다

| 자료 3-3 | Grayscale Investments Holdings(2022년 9월 기준)

coin	possession	Total Holdings($)	issuing market Per Share	trading market Per Share	Premium	closing time	24-hour change	Change the 7th day.	30 day change.	update time
BTC GBTC	632.40K BTC	$10.99B	$15.92	$8.3	-47.94%	2022-12-16	-35	-242	-1639	2022-12-16 07:15
ETH ETHE	3.04M ETH	$3.84B	$12.47	$5.79	-53.57%	2022-12-16	-208	-1480	-6256	2022-12-16 07:15
ETC ETHC	11.05M ETC	$213.09M	$15.38	$4.67	-69.66%	2022-12-16	-612	-5685	-26384	2022-12-16 07:30
LTC LTCN	1.53M LTC	$110.72M	$6.48	$7.59	46.03%	2022-12-16	-10%	732	-3139	2022-12-16 07:15
BCH BCHG	308.80K BCH	$33.06M	$0.96	$0.48	-50%	2022-12-16	-21	-168	-628	2022-12-16 07:15
ZEC	332.17K ZEC	$15.31M	$4.09	$1.9	-53.55%	2022-12-16	-23	-159	-632	2022-12-16 07:30
MANA	18.16M MANA	$6.81M	$3.61	$2.75	-23.82%	2022-12-16	-1243	-8701	-27222	2022-12-16 07:30
ZEN	613.16K ZEN	$6.25M	$0.92	$0.56	-39.13%	2022-12-16	-12	-296	-1261	2022-12-16 07:30
XLM	74.56M XLM	$6.07M	$7.4	$5.43	-26.62%	2022-12-16	-5107	-26768	-152371	2022-12-16 07:30
LPT	588.23K LPT	$3.82M	$6.31	$2.55	-59.59%	2022-12-16	-48	-292	-1310	2022-12-16 07:30
LINK	306.88K LINK	$1.98M	$6.23	$8	28.41%	2022-12-16	-25	-147	-631	2022-12-16 07:30
SOL	118.55K SOL	$1.45M	$2.76	-		2022-12-16	-8	-67	12106	2022-12-16 07:30
BAT	5.93M BAT	$1.28M	$2.1	$0.98	-53.33%	2022-12-16	-404	-2944	-12798	2022-12-16 07:15
FIL	104.62K FIL	$439.61K	$3.99	$6.25	56.64%	2022-12-16	-2	-51	-219	2022-12-16 07:30
									Total AUM:$15.23B	

출처 : coinglass.com

새로운 분야로 접근하면서 잘 모를 때는 그 분야의 최고에게 배우면 실패율을 줄일 수 있다. 앞서 이야기한 DCG그룹이나 그레이스케일은 세계 암호화폐 장을 선도하는 곳이니 가상화폐 투자를 하고 있다면 그레이스케일(https://www.coinglass.com/Grayscale) 포트폴리오를 참고해 투자하는 것은 어떨까?

그레이스케일의 투자 리스트를 보면 다음과 같다.

비트코인(BTC)

2008년 백서에 의하면 사토시 나카모토(中本哲史)가 중앙 금융기관을 거치지 않고 '온라인 대금 결제가 한 사람에서 다른 사람에게(개인 대 개인 거래) 이루어질 수 있도록' 하기 위해 만들었다.

이더리움(ETH)

2013년 비탈릭 부테린의 백서에 의하면, 자체 암호화폐인 '이더(Ether)'를 특징으로 하는 탈중앙화 오픈 소스 블록체인 시스템이다. ETH는 수많은 나른 암호화의 플랫폼으로 작동을 하는 네 있어 탈중앙화 스마트 계약도 해당 플랫폼에서 실행될 수 있게 한다. 탈중앙형 애플리케이션을 위한 글로벌 플랫폼이 되는 것이 목표다.

이더리움클래식(ETC)

2016년 7월에 출시된 이더리움(ETH)의 하드 포크로 이더리움의 레거시 체인이다. 해킹에 인위적으로 대응하지 않고, 이더리움 블록체인을 원래대로 보존하는 것을 목표로 한다. 작업방식은 POW(작업증명방식) 마이닝 알고리즘에 따른다.

라이트코인(LTC)

블록체인 기술의 고유한 특성을 활용해 사용자들이 빠르고 안전하게 낮은 비용으로 결제할 수 있도록 설계된 암호화폐다. 라이트코인은 2.5분의 블록 시간과 극히 낮은 거래 수수료로 소액 결제와 POS 결제에 적합하다.

비트코인 캐시(BCH)

기존 비트코인 블록체인을 하드포크(프로토콜이나 코드에 대한 커뮤니티 활성화 업데이트), 즉 분할해서 만든 암호화폐다. 기술 확장 가능성을 높이고 초당 처리하는 거래 수를 늘려서 이 암호화폐를 단순한 가치 저장 수단이 아닌, 결제 수단으로 사용할 수 있게 만들었다. 일반적으로 비트코인 캐시는 비트코인보다 거래 수수료가 낮다는 장점이 있다.

지캐시(ZEC)

프라이버시와 익명성에 초점을 맞춘 탈중앙화 암호화폐다.

디센트럴랜드(MANA)

이더리움 블록체인으로 구동되는 가상 현실 플랫폼이다. 이 가상 세계에서 사용자들은 랜드의 플롯(plots of land)을 구매해 나중에 탐색하고 빌드하고 수익화할 수 있다.

호라이젠(ZEN)

2017년 5월에 시작된 호라이젠은 실제 세계 사용 사례로, 데이터 무결성과 프라이버시 보장을 위해 노력한다. 호라이젠은 완전히 탈중앙화되었고, 프라이버시 기능을 통해 완전한 맞춤형이라고 주장한다. 또한, 구성 가능한 수익 모델과 무제한 토큰 및 디지털 자산을 가진 블록체인 구축과 연관된 저비용을 지원한다.

스텔라(XLM)

2014년 7월, 스텔라가 처음 서비스를 시작했을 때의 목표 중 하나는 은행 접근성이 없는 사람들에 대한 금융 포용을 확대하는 것이다. 스텔라는 모든 거래 수수료가 0.00001 XLM에 불과하다는 장점이 있다.

라이브피어(LPT)

2017년에 출시된 첫 라이브 비디오 스트리밍 네트워크 프로토콜로 완전히 탈중앙화되어 있다. 라이브피어 플랫폼은 기존 및 신규 모든 방송 회사들을 위해 실행 가능한 블록체인 기반으로 중앙화 방송 솔루션에 대한 경제적으로 효율적인 내안이 되는 것이 목표다.

솔라나(SOL)

블록체인 기술의 무허가적 특성에 의존해 탈중앙화 금융(DeFi) 솔루션을 제공하는 고기능 오픈 소스 프로젝트다. 솔라나의 하이브리드 프로토콜 덕분에 트랜잭션과 스마트 계약 실행 모두에 있어서 검증 시간이 상당히 단축되었다.

체인링크(LINK)

블록체인 기술 기반인 스마트 계약을 실제 세계의 데이터와 연결하는 것을 목표로 하는 탈중앙화 오라클 네트워크다.

베이직어텐션토큰(BAT)

새로운 블록체인 기반 디지털 광고 플랫폼을 구동하는 토큰이다. 브레이브 브라우저(Brave Browser)를 통해 프라이버시가 보호되는 광고를 시청하고, 이를 통해 BAT 보상을 받게 된다. 베이직 어텐션 토큰 자체는 이러한 광고 생태계의 보상 단위이며 광고주, 퍼블리셔, 사용자 사이에서 교환한다. 광고주는 타깃 광고 캠페인을 진행해 효과를 극대화할 수 있으며, 결제는 BAT 토큰으로 한다.

파일코인(FIL)

탈중앙화된 스토리지 시스템을 통해 데이터를 저장하는 것을 목표로한다. 중앙화 문제가 발생하기 쉬운 아마존 웹 서비스나 클라우드플레어 등의 클라우드 스토리지 회사와 달리, 파일코인은 탈중앙화 속성을 활용해 데이터 로케이션의 무결성을 보호해서 쉽게 검색할 수 있는 장점이 있다.

2022년 12월 기준 Grayscale Investments Holdings에 리스팅된 코인은 총 14개다. 기관 투자자인 그레이스케일에 리스팅된 코인의 백서들과 커뮤니티들을 살펴보면서 코인에 대한 이해도를 높이고 통찰력을 갖는 데 도움이 되길 바란다.

10년 갈 코인 종목
고르는 법

하루아침에도 수많은 코인이
생겼다가 사라진다

현재 건강하게 잘 성장하고 있고 미래에도 반짝거릴 코인의 정보는 어디서 얻으면 좋을까? 코인 시장은 살아 움직이는 활어 시장과 같아서 정보들이 바로바로 반영되는 온라인 공간에서 체크하는 것이 가장 좋다. 크립토 시장의 백화점과 같은 곳이기도 하고, 모든 정보를 살펴볼 수 있는 신뢰할 만한 사이트는 코인마켓캡이다.

코인마켓캡 사이트 상단에 보면(2022년 12월 16일 기준) 시장의 크기를 확인할 수 있다.

출처 : 코인마켓캡

암호화폐 : 22,039개

거래소 : 534개

시가총액 : ₩1,112,657,297,682,386

24시간 거래량 : ₩44,215,321,696,081

코인마켓캡 사이트는 다양한 가상자산들의 정보가 보기 쉽게 정리되어 있음을 알 수 있다. 시가총액에 의한 최고 100순위까지 암호화폐를 소개하고 있다. 암호화폐 순위 리스트를 통해 시장의 움직임을 바로 볼 수 있다. 그리고 카테고리를 보면 등록된 암호화폐와 거래소뿐만 아니라 NFT도 확인할 수 있고, 상품 카테고리에서는 무료 에어드랍이나 ICO 일정들을 체크해볼 수 있다.

투자 종목을 선택하기 전 체크할 2가지

수많은 코인이 생겼다가 없어지는 시장 상황에서 코인의 건전성과 투자할 만한 가치가 있는지 식별하기 위한 방법 2가지를 안내하겠다.

첫 번째는 코인마켓캡 검색창에 해당 코인의 코인명을 검색한다. 예를 들어 비트코인은 BTC로 검색하면 된다.

| 자료 3-5 | 비트코인 차트

출처 : 코인마켓캡

자료 3-5처럼 해당 코인을 검색해서 들어가면, 해당 코인의 홈페이지, 백서, 커뮤니티, 해당 코인의 컨트랙트 주소는 물론, 소스코드까지 확인할 수 있는 보물같은 사이트다. 자세한 차트와 과거 이력뿐만 아니라 코인의 히스토리 등도 확인할 수 있어 코인을 이해하는 데 도움이 된다. 그러므로 처음 듣는 코인을 투자하라는 권유를 받거나, 알아보고 싶은 코인이 있다면 코인명으로 검색하고, 관련된 정보들을 코인마켓캡을 통해 검토해보면 좋겠다.

두 번째는 쟁글 사이트를 들어가보자(https://xangle.io/).

| **자료 3-6** | 쟁글 사이트

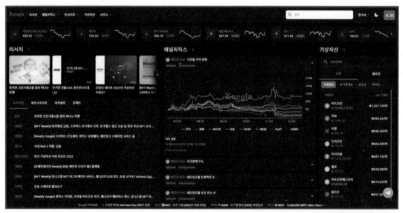

출처 : 쟁글

쟁글은 가상자산의 트렌디한 공시자료와 가상자산의 한국 기준 시가 및 글로벌 시가를 한눈에 비교할 수 있다. 국내 5대 거래소와 해외 15대 거래소에 등록된 순위 100위까지의 코인들을 볼 수 있다. 쟁글의 독특한 서비스 중 하나는 크립토 평가다.

| 자료 3-7 | 크립토 평가

출처 : 쟁글

쟁글에서는 XCR(Xangle Crypto Rating)을 통해 가상자산을 기반으로 하는 사업 모델과 실질적인 활용도에 대해 다각화된 분석을 통한 평가 결과를 제공한다. 가상자산 시장은 아직 산업 초기 단계에 있어, 투자자 보호를 위한 충분한 정보나 제도가 마련되어 있지 않다. 그럼에도 불구하고 높은 성장성이 기대되는 가상자산 시장에서 투명한 정보 제공과 깊이 있는 분석을 하고 있다. 투자 위험에 대한 불확실성을 낮추고, 의사결정 과정에서 소요되는 비용과 시간을 절약할 수 있는 가치를 투자자들에게 제공하고자 이와 같은 평가 서비스를 운영하고 있다.

쟁글의 가상자산 평가는 다음과 같이 6개 부문으로 나누어 평가를
진행하고 있다.

① 기술

② 토큰 이코노믹스

③ 마일스톤 & 성과

④ 예상 재무 지속성

⑤ 커뮤니티

⑥ 질적 평가

각 부문별 또는 세부 항목별 점수의 비중을 달리하고 있다. 이에 관

한 결과는 0점부터 100점까지의 정량적인 점수와 이를 바탕으로 AAA 부터 D까지 18개의 일정한 등급으로 기호화했으며, 투자자들이 가상 자산 투자의 위험 수준에 대한 정보를 쉽고, 직관적으로 얻을 수 있게 했다.

| 자료 3-9 | XCR 등급 기준표

등급	점수	설명
AAA	95 ~ 100	최상급 프로젝트로 발행한 가상자산이 향후 필수적으로 활용될 것이 기대됨.
		해당 등급 프로젝트의 경우, 뛰어난 역량을 바탕으로 자체 목표 달성 가능성 매우 높음
AA⁺	90 ~ 94	최상급 프로젝트로 발행한 가상자산의 향후 광범위한 활용이 기대됨.
		해당 등급 프로젝트의 경우, 뛰어난 역량을 바탕으로 자체 목표 달성 가능성 매우 높음
AA	85 ~ 89	매우 우수한 프로젝트로 발행한 가상자산의 향후 광범위한 활용이 기대됨.
		해당 등급 프로젝트의 경우, 뛰어난 역량을 바탕으로 자체 목표 달성 가능성이 높음
AA⁻	80 ~ 84	매우 우수한 프로젝트로 발행한 가상자산의 향후 광범위한 활용이 기대됨.
		해당 등급 프로젝트의 경우, 뛰어난 역량을 바탕으로 외부 환경 변화에 적절한 대처가 가능
A⁺	75 ~ 79	우수한 프로젝트로 발행한 가상자산이 향후 적극적으로 활용될 것이 기대됨.
		해당 등급 프로젝트의 경우, 높은 안정성을 바탕으로 자체 목표 달성 가능성이 높음
A	70 ~ 74	우수한 프로젝트로 발행한 가상지산이 향후 적극적으로 활용될 것이 기대됨.
		해당 등급 프로젝트의 경우, 자체 목표 달성 가능성이 상대적으로 높음
A⁻	65 ~ 69	양호한 프로젝트로 발행한 가상지산의 활용이 기대됨.
		해당 등급 프로젝트의 경우, 외부 환경 변화에 대한 대처 능력이 다소 제한적
BBB	60 ~ 64	양호한 프로젝트로 발행한 가상지산의 활용이 기대됨.
		해당 등급 프로젝트의 경우, 외부 환경 악화에 따라 안정성 저하 가능성이 있음
BB⁺	55 ~ 59	보통 수준의 프로젝트로 발행한 가상자산의 활용이 기대됨.
		해당 등급 프로젝트의 경우, 외부 환경 악화 시 안정성 저하 가능성이 높음
BB	50 ~ 54	보통 수준의 프로젝트로 발행한 가상자산의 활용이 예상됨.
		해당 등급 프로젝트의 경우 외부 환경 악화 시 안정성 저하 가능성이 높음
BB⁻	45 ~ 49	보통 수준의 프로젝트로 발행한 가상자산의 향후 활용에 대한 기대감은 높지 않음.
		해당 등급 프로젝트의 경우 외부 환경 악화 시 안정성 저하 가능성이 매우 높음
B⁺	40 ~ 44	보통 수준의 프로젝트로 발행한 가상자산의 향후 활용에 대한 기대감은 낮음.
		해당 등급 프로젝트의 경우 외부 환경 악화 시 안정성 저하 가능성이 매우 높음
B	35 ~ 39	보통 이하 수준의 프로젝트로 발행한 가상자산의 활용에 대한 기대감은 낮음.
		해당 등급 프로젝트의 경우 현재 상황에서도 불안 요소가 존재함
B⁻	30 ~ 34	보통 이하 수준의 프로젝트로 발행한 가상자산의 활용에 대한 기대감은 낮음.
		해당 등급 프로젝트의 경우 현재 상황에서도 자체 목표 달성 가능성이 상당히 낮음

출처 : 쟁글

10년 이상 보유할 코인은 사과나무를 심는 마음으로 골라보자.

큰아이가 태어났을 때 시어른께서 큰아이를 위해 집 뒷동산에 작은 동백나무 묘목을 심어 주셨던 경험이 있다. 작년에는 산책길에서 동백나무 씨앗을 주워서 추억 삼아 심었더니 싹이 나서 베란다에서 한 뼘쯤 잘 자라고 있다.

10년 이상 갈 코인 종목을 선택할 때 사과나무를 심는 마음으로 골라보는 것은 어떨까? 달콤한 열매를 맺기 위해서는 건강한 씨앗을 고르는 일부터 선행되어야 한다. 작은 나무가 자라서 열매를 맺을 때까지 세심한 관리가 필요하듯이 선순환의 결과를 얻기 위해서는 공부와 자기 확신이 필요하다. 코인에 대한 올바른 정보를 수집하고 시장 상황을 파악하는 노력이 뒷받침되어야 한다. 건강한 코인을 발굴하고 내재가치를 볼 줄 아는 안목으로 투자한다면, 가치 투자의 충분한 대가를 달콤하게 맛볼 수 있을 것이다.

가상자산 투자의
다양한 방법들

가상화폐의 4가지 유형

크립토쿼런시(Cryptocurrency)라고 불리는 가상화폐에는 4가지 유형
이 있다.

첫 번째는 자체 메인넷에서 만들어진 플랫폼 코인으로 비트코인과
이더리움, 리플과 같은 코인이 있다. 블록체인 기술을 활용한 자체 메
인넷에서 동작하는 가상화폐는 현존하는 80%가 플랫폼 코인이라고
보면 된다.

두 번째는 유틸리티 토큰(Utility Token)으로 자체적인 블록체인 네트
워크가 아니라 다른 플랫폼 위에서 작동한다. 플랫폼이 '운영체제(OS)'
내지는 '인터넷 망'이고, 유틸리티 토큰은 그 위에서 실행되는 개별 프
로그램 또는 애플리케이션인 셈이다. 한마디로 통행세를 내고 쓰는 토

큰으로 실체가 없는 토큰의 경우, 다단계 사기에 주된 대상이 되기도 한다.

세 번째는 증권형 토큰(Security Token)으로 주식, 채권, 부동산 등 실물자산을 블록체인 기반의 가상화폐에 페깅(고정)한 디지털 자산이다. 실물 자산의 가치가 존재하는 토큰들로 2027년 증권형 토큰 시장 규모는 약 1경으로 예측하고 있다.

네 번째는 스테이블 코인(Stable Coin)으로 달러화, 위안화 등 기존 화폐에 1:1 고정 가치로 발행되는 암호화폐다. 스테이블 코인은 그 자체가 화폐인 셈이다. 가장 무섭게 변하는 코인으로 새로운 기축통화가 될수 있다. 또 각국에서 발행하는 CBDC로 현금 없는 사회가 도래할 날도 머지않아 보인다.

가상자산의 또 다른 영역

메타버스(Metaverse)란 Meta(초월)와 Univrse(세상, 우주)의 합성어로 세상 너머의 세상, 현실 세계를 초월한 세계를 말한다. 이 메타버스를 이해하기 가장 좋은 영화로는 스티븐 스필버그(Steven Spielberg) 감독의 〈레디 플레이어 원〉을 추천하고 싶다. 영화에서 나오는 가상현실의 세계 '오아시스'가 곧 우리가 만날 메타버스 세상이라고 이해하면 좋을 것 같다.

메타버스 하면 로블록스와 제페토 등을 빼놓을 수 없다. 로블록스에서 10대 어린이들은 자신의 캐릭터를 꾸밀 수 있고, 수많은 게임을 즐길 수 있다. 가상현실인 게임 속에서 자신이 만든 캐릭터와 아이템 게임들을 팔아 디지털화폐로 수익을 만드는 시대가 되었다.

또 새롭게 주목받고 있는 것은 NFT(Non-Fungible Token)라고 하는 대체불가토큰이다. NFT는 다른 무엇과도 교환할 수 없는 유일무이한 '원본'이다. 원본임을 증명하는 등기부등본이라고 이해하는 게 좋다. 한마디로 진짜 주인이 누구인지를 입증한다. 메타버스 속 캐릭터, 상품, 부동산, 그림, 음악, 영상을 NFT로 결합시키면 영원한 소유권을 인정받는 것이다.

다양한 투자 방법

눈에 보이지 않는 코인부터 멀게만 느껴지는 메타버스 세상, 그리고 복사품이 많은 디지털 세상에서 내 것으로 소유권을 인정받는 NFT까지! 이렇듯 우리 앞에 펼쳐지는 가상자산의 무대는 무한한 확장성을 가지고 있다. 철저한 공부와 검증을 통해 될 성싶은 코인에 초기 투자자로 ICO 참여하거나 거래소를 통해 식섭 투자를 할 수 있다.

메타버스 세상을 열어줄 AR, VR 장비나 슈트 등을 개발하는 기업에 투자를 할 수도 있다. 페이스북의 마크 저커버그가 메타로 사명을 바꾼 후 퀄컴과 손잡고 VR 칩셋 개발에 심혈을 기울이고 있다.

클레이튼은 최근에 블록체인 사업을 위해 크러스트라는 해외 법인을 싱가포르에 설립했다. 기존 그라운드X는 NFT만 집중하고, 크러스트에서 블록체인 사업 전반을 진행할 예정이며, 글로벌 생태계 확장에 나서고 있다. 이처럼 기업들의 움직임을 자세히 살펴보고 관련된 사업을 찾아가다 보면 투자 포인트를 잡을 수 있다.

오픈씨(https://opensea.io/)를 통해 크립토 펑크와 같은 NFT에도 직접 투자할 수 있고, 크리에이터가 되어 작품을 올릴 수도 있다. 특별한 심사 없이 올릴 수 있기 때문에 NFT의 생성자로서 등록이 가능하다.

우리는 현실 세계뿐만 아니라 가상 부동산에도 투자할 수 있다. 메타메트릭 솔루션스에 따르면, 글로벌 4대 메타버스 부동산 플랫폼의 2021년 가상부동산 판매액은 5억 100만 달러(약 6,184억 원)이며, 2022년 규모는 그 2배에 달하는 10억 달러(약 1조 2,345억 원)에 달할 것으로 보고 있다.

대표적인 플랫폼으로는 더 샌드박스(The Sandbox), 디센트럴랜드(Decentraland), 크립토복셀(Cryptovoxels), 솜니움 스페이스(Somnium Space) 등이 있다. 이 외에도 인그레스(Ingress), 어스2(earth2) 등이 가상 부동산 시장에 진입했고, 현실과 다를 바 없는 투자 자산으로서 그 가치를 인정받고 있다.

아날로그 경제에서 디지털 경제로 바뀌며, 패러다임이 바뀌고 있는 지금 이 순간, 우리 앞에 기회가 왔다. 기회를 잡을 것인가? 놓칠 것인가?

가상화폐 소액 투자로
부자 되는 법

무조건 대장 코인을
사야 하는 이유

분야별 1등 기업은 망하지 않는다

햄버거 하면 생각나는 기업은 맥도날드이고, 콜라 하면 생각나는 기업은 코카콜라이며, 온라인 쇼핑몰 하면 생각나는 기업은 아마존처럼 각종 업계를 대표하는 기업들이 있다. 주식 투자를 하고자 할 때 대표 기업에 투자하는 경우, 투자 실패율은 줄어들고 투자 성공률은 높아진다. 코인도 같은 입장에서 분야별 대표 코인에 투자하면 실패율을 줄일 수 있다.

코인의 대장, 비트코인

코인의 대장은 당연히 비트코인이다. 2008년 10월, 사토시 나카모토라는 가명을 쓰는 프로그래머가 개발해 2009년 1월에 프로그램 소스를 배포했다. 중앙은행의 개입 없이 전 세계적 범위에서 P2P 방식으로 개인들 간에 자유롭게 송금 등의 금융거래를 할 수 있게 설계되어 있다.

| **자료 4-1** | 비트코인 백서 : P2P 전자화폐 시스템을 설명한 글

Bitcoin: A Peer-to-Peer Electronic Cash System

Satoshi Nakamoto
satoshin@gmx.com
www.bitcoin.org

Abstract. A purely peer-to-peer version of electronic cash would allow online payments to be sent directly from one party to another without going through a financial institution. Digital signatures provide part of the solution, but the main benefits are lost if a trusted third party is still required to prevent double-spending. We propose a solution to the double-spending problem using a peer-to-peer network. The network timestamps transactions by hashing them into an ongoing chain of hash-based proof-of-work, forming a record that cannot be changed without redoing the proof-of-work. The longest chain not only serves as proof of the sequence of events witnessed, but proof that it came from the largest pool of CPU power. As long as a majority of CPU power is controlled by nodes that are not cooperating to attack the network, they'll generate the longest chain and outpace attackers. The network itself requires minimal structure. Messages are broadcast on a best effort basis, and nodes can leave and rejoin the network at will, accepting the longest proof-of-work chain as proof of what happened while they were gone.

출처 : 쟁글

1세대 코인이라고도 하는 비트코인의 현재 가격은 1BTC가 2,219만 원 정도 한다(2022년 11월 27일 기준). 비트코인의 가장 큰 매력은 전 세계 어떤 정부나 은행, 기업들로부터도 독립성을 갖고 있다는 점이다. 즉 본인이 승인하지 않는 한 내 계좌에서 누가 돈을 인출할 수 없고, 가맹 점에서 임의로 내 결제 정보를 훔쳐 갈 수도 없다.

반면, 비트코인은 가격 변동성도 크고, 몇 분 정도 소요되는 거래시 간으로 일반 결제에는 적합하지 않다는 의견도 많다. 물론 높은 가격 변동성이 단점이긴 하지만, 일반 법정화폐 송금이 며칠씩 걸리는 것에 비하면 빠른 편이다. 안정성과 익명성, 휴대의 간편함으로 해외 어디서 든 편리하게 사용할 수 있다. 더구나 디지털 금으로 인정받고 있는 비 트코인은 이제 결제수단의 화폐 기능에서 벗어나 자산으로의 기능이 확대되었다. 총발행 2,100만 개라는 희소성이 앞으로 그 가치를 더해 줄 거라고 본다.

분야별 대장 코인 소개

알트코인들의 대장, 이더리움

비트코인을 제외한 모든 코인을 알트코인이라고 명칭하는데, 2세대 코인 중 대장은 이더리움이다. 비트코인이 거래장부로서의 역할을 한 다면, 이더리움은 화폐를 넘어 모든 거래를 스마트 컨트랙트라는 기술 로 기록한다. 돈뿐 아니라 어떤 형태의 거래도 기록할 수 있다는 것이 비트코인과의 차이다. 자동차, 부동산, 콘텐츠, 게임 아이템 거래 내역도 기록할 수 있다. 신원을 증명하거나, 의료 데이터를 적어 넣는 등 모든 형태의 기록이 가능하다.

스마트 컨트랙트는 ① 계약 체결, ② 조건 충족, ③ 이행(실행)의 구조를 갖고 임의로 계약체결을 변경할 수 없으므로 거래자들의 신뢰가 형성되어 있다. 이더리움이 iOS나 안드로이드 같은 운영체제(OS)라면 디앱은 카카오톡, 쿠팡, 넷플릭스 같은 서비스 애플리케이션이다. 개발자가 어떻게 프로그래밍하냐에 따라 똑같은 이더리움을 갖고도 수천, 수만 가지 디앱을 만들어낼 수 있는 것이다.

하지만 이더리움도 완벽한 코인이라고 말하기는 어렵다.

이더리움의 첫 번째 문제는 느린 처리 속도다. 현재 이더리움은 1초에 약 30개 정도 거래를 처리할 수 있다. 글로벌 신용카드인 '비자카드'는 1초에 약 2,000건 거래가 가능한 것에 비하면 처리 속도가 늦다.

두 번째 문제는 비싼 수수료다. 최근 이더리움 수요가 늘어나고 네트워크가 과부화되다 보니 이더리움 거래 시 지불하는 수수료, 즉 '이더리움 가스' 가격이 천정부지로 치솟는 중이다.

세 번째 문제는 다른 코인과 연동이 안 된다. 블록체인 간 상호 연결이 어렵다는 점이다. 예를 들면 카카오톡에서는 외부 링크를 통해 유튜브 동영상도 열어 볼 수 있고, 페이스북 페이지도 들어가 볼 수 있다. 하지만 이더리움은 아니다. 지금 이더리움을 비유하면 '다른 애플리케이션으로 이동이 불가능한 카카오톡'이라고 보면 된다.

3세대 코인, 에이다(ADA)

3세대 코인은 이더리움이 지닌 여러 문제점을 극복한, 또는 극복하고자 노력하는 '플랫폼 코인'을 일컫는다. 처리 속도, 보안성, 탈중앙화 등 여러 측면에서 이더리움보다 우월한 모습을 보인다. 이더리움 공동 개발자 찰스 호스킨슨(Charles Hoskinson)이 개발한 '카르다노(ADA)'는 1초당 거래 처리량을 200건까지 늘리는 데 성공했다. 작업증명방식을 개선한 덕분인데, 처리 속도만 빨라진 것이 아니라 에너지 효율도 좋아 '친환경 코인'으로 주목받기도 했다.

이 밖에도 초당 처리량 5만 건을 목표로 개발이 진행 중인 '솔라나(SOL)', 거래 수수료를 0원으로 낮춘 '이오스(EOS)', 서로 다른 블록체인을 호환하는 '폴카닷(DOT)' 등이 3세대 코인의 대표 주자다.

메타버스 코인 추천

디센트럴랜드(Decentraland)

디센트럴랜드라는 가상현실 세계에서 사용자는 토지를 구매하고 다양한 활동을 할 수 있으며, 다른 사용자에게 토지를 판매할 수도 있다. 이러한 토지 거래 정보는 이더리움의 스마트 컨트랙트에 저장된다. 디센트럴랜드에서 사용되는 암호화폐 토큰은 마나(MANA)다.

샌드박스(The Sandbox)

아르헨티나의 블록체인 게임 개발사다. 사용자가 대체불가토큰(Non-Fungible Token, NFT)을 활용해 자신만의 복셀(Voxel)을 제작하는 게임인 더샌드박스(The Sandbox)를 개발하고 있다. 사용자는 게임 내 토큰인 '랜드(LAND)'를 임대하거나 게임 내 유틸리티 토큰인 샌드를 랜드에 스테이킹해 수익을 올릴 수 있다.

엑시 인피니티(Axie Infinity)

이더리움 기반의 NFT 온라인 비디오 게임이다. 게임 세계에서 유저들이 '엑시즈(Axies)'라고 불리는 아바타를 여러 게임과 모험을 통해 키울 수 있다. 베트남의 게임 개발회사인 스카이마비스(Sky Mavis)가 개발했다(해시넷 참조).

DeFi 코인 추천

COMP

개인적으로 예치 및 대출, 탈중앙화 거래소, 보험이 디파이의 가장 중요한 뿌리가 될 것으로 생각한다. 이 3가지만으로도 모든 디파이 생태계가 만들어질 수 있다. 프로젝트로는 컴파운드, 유니스왑(Unisawp), 넥서스 뮤츄얼(Nexus Mutual)이 가장 중요한 팀이다.

'이자농사(Yield Farming)'라는 새로운 서비스 유형이 생겼다. 대부분 프로젝트가 컴파운드처럼 거버넌스 토큰을 발행하고, 가격이 오를 것을 기대한다(https://compound.finance/).

AAVE

에이브 프로토콜의 기본 거버넌스 토큰이다. 이더리움 기반 암호화폐인 AAVE를 보유한 이들은 프로젝트의 방향성에 영향을 미치는 제안에 관해 토론하고 투표할 수 있다. 에이브(Aave)는 탈중앙 금융 프로토콜의 선두 주자이며, AAVE 토큰은 시가총액 기준 탈중앙 금융 코인 중에서 가장 규모가 큰 토큰 중 하나다. 이더리움 투자자들은 에이브를 통해 탈중앙화된 방식으로 암호화폐를 간편히 대출 및 차용할 수 있다(https://aave.com/).

dydx

격리 마진거래, 교차 마진거래, 현물거래, 무기한 계약거래, 대출 및 차입 서비스와 같은 탈중앙화 금융(DeFi) 서비스를 제공한다(https://phemex.com/ko/academy/what-is-dydx).

전 세계 결제(송금) 대장, 코인 리플

오늘날 세계는 연간 155조 달러 이상을 국가 간 송금한다. 그럼에도 기본 인프라는 여전히 구식이며 결함을 갖고 있다. 리플은 은행, 결제 서비스 제공업체, 디지털 자산 거래소를 리플넷(RippleNet)으로 연결해 마찰 없는 글로벌 송금 서비스를 제공하고 있다. 즉, 글로벌 결제를 현대화하고(modernize) 있다는 것이 리플의 가장 큰 특징이다. 전 세계 여러 은행이 실시간으로 자금을 송금하기 위해 사용하는 프로토콜 겸 암호화폐다. 최근에 세계경제포럼에서 공식파트너사로 인정되었다.

NFT 분산저장 스토리지 대장, 파일코인

탈중앙 분산형 스토리지 공유 시스템 파일코인(FIL : Filecoin)은 블록체인 기업 프로토콜 랩스(Protocol Labs)가 IPFS(InterPlanetary File System) 기술 기반 탈중앙 분산형 클라우드에 토큰 이코노미를 결합한 스토리지 공유 시스템이다. 획일화된 중앙 집중형 서버 시스템을 모든 컴퓨터를 연결한 분산형 서버 시스템으로 대체하는 것을 목표로 운영되고 있다.

IPFS 방식으로 데이터를 네트워크에 업로드하면 데이터마다 고유 해시값이 생성되고, 해시값은 파일을 영구적인 이름으로 사용한다. 만약 그 데이터를 다시 다운로드 받고 싶다면 수많은 노드 중 그 해시값을 가진 노드를 검색해 찾아서 사용할 수 있다. 블록체인에 데이터가 저장되기 때문에 위변조 위험성도 크게 줄어든다. 파일코인은 분산형 스토리지 네트워크(DSN : Decentralized Storage Network)의 인센티브 토큰이다.

세상에 완벽한 것은 없다

제아무리 지금 최고의 자리에서 최고의 시총을 자랑하는 코인이라고 하더라도 미래를 예측할 수는 없다. 하지만, 각 분야의 대장 코인을 선택한다면 투자의 실패율을 줄일 수 있는 차선책은 될 수 있지 않을까? 투자할 때는 개인이 직접 검토해보고 결정하기 바라며, 제공하는 정보는 참고용으로만 보기 바란다.

내가 찍은 셀카로
코인을 받는다고?

내 피부 나이가 궁금해!

"당신의 피부 나이는 몇 살인가요?"

이 질문을 들었을 때 평소에 피부 좋다는 칭찬을 들었던 터라 궁금해졌다. 우리 몸속의 체성분 구성비를 알기 위해 인바디를 체크하는 것처럼 피부를 측정하기 위해서는 피부과에 가야 하지 않을까 싶었는데 간단하게 핸드폰 어플을 통해 피부 나이를 측정할 수 있다. 측정 방법은 셀카 촬영하듯이 사진을 찍으면 피부를 스캔하고 2만여 개의 픽셀로 나눈다. 그 작은 픽셀에서 관찰되는 주름이나 색소, 탄력성, 보습들을 계산하고, 또래 집단의 데이터와 비교한 나의 등수를 알려주는 방식이다. 여기서 또래는 위아래 두 살 차이까지를 말한다. 또래 집단 1만

명의 데이터를 불러와서 지금 촬영한 나의 데이터와 실시간으로 비교해서 값을 보여준다.

출처 : COSBALL

이렇게 객관적 피부 데이터를 통해 나의 피부 상태를 점검하고, 나에게 딱 맞는 맞춤형 화장품을 제공하는 회사의 플랫폼이 코○볼이다. 코○볼 애플리케이션은 빅데이터와 인공지능을 통한 알고리즘으로 내 피부를 분석·측정·비교까지 할 수 있다는 것이 특징이다. 놀라운 것은 피부 상태가 날씨와 연동되어 그날그날 사용할 매일 맞춤형 코○볼을 보여준다. 화장품과 디지털이 만나 신개념의 화장품 솔루션이 등장했다는 사실은 혁명에 가깝다. 화장품에 빅데이터와 친환경이 함께 하는 ESG 기업의 플랫폼인 것이다.

이 어플에서 피부측정을 위해 사진을 촬영하면 피부 보습, 탄력, 주름, 기미·색소 등 4가지 분류로 점수가 나오고, 또래 집단(+-2)의 피부 데이터(최대 1만 명)를 불러와 순위를 점수화(100점 만점)한다. 피부 데이터 측정 시마다 0.11개를 코인으로 지급받고, 게임 형태로 4개의 볼을 맞추면 최대 100개까지도 코인을 추가로 더 받을 수 있다.

개인이 제공하는 데이터가 돈이 되는 세상

여기서 중요한 포인트는 소중한 생체데이터를 제공한 기여자에게 그 대가로 코인을 리워드로 지급하는 것이다. 데이터가 돈이 되는 시대가 된 것이다. 그동안 우리는 설문지나 앙케트 조사 시 소중한 시간을 할애해서 나의 의견을 전달했음에도 아무런 대가가 없었다. 하지만 이제는 소중한 정보를 제공하는 사람에게 대가를 지불하는 시대가 되었고, 이런 데이터 관리를 블록체인에 안전하게 보관하고 관리하는 것이다. 플랫폼 경제가 아닌 프로토콜 경제로 들어서면서 정보 제공자에게도 정당한 대가를 지급하는 세상으로 발전하고 있다.

4차 산업시대의 원유를 '빅데이터'라고 한다. 수집된 빅데이터는 정보 분석과 가공을 통해 산업의 혁신을 이끌어 갈 것이다. SNS에 올리는 사진이나 글, 자주 사용하는 카드 결제 데이터 등을 원하는 기업에는 빅데이터가 되는 것이다.

코○볼 애플리케이션에 가입되어 피부 생체 데이터를 제공하는 사람들이 74,109명(2022년 9월 12일 기준)을 넘어섰다. 그동안 블록체인에 저장된 피부 생체 데이터 128만 건의 방대한 정보가 암호화되어 빅데이터로 쌓여 있다. 그렇다면 이 피부 데이터를 필요로 하는 곳은 어디일까? 가장 필요로 하는 곳은 피부과이고, 건강기능식품을 취급하는 회사에서도 생체 데이터가 필요할 것이다. 이런 식으로 2차 데이터로 넘어가서 해당 분야에서 빅데이터를 분석하고 가공하면, 관련 산업의 성장에 도움이 될 것이다.

피부 데이터를 주고 정당한 보상을 받으려면?

| 자료 4-3 | 코○볼 가입 화면

출처 : COSBALL

안드로이드폰은 구글 플레이 스토어에서, 아이폰은 앱 스토어에서 코○볼을 검색해 설치한다. 회원가입을 위해 추천인 회원코드(CBA3430)를 입력하고 가입 완료하면, 가입 축하 리워드로 CTP라는 코인을 지급받는다. 이후 피부 측정 시마다 게임을 통해 피부측정에 대한 보상을 최대 100개까지 보상받을 수 있다.

1시간마다 게임을 할 수 있으니 당첨 확률을 높이기 위해서 매시간 알람을 설정하고, 시간마다 피부 측정 게임에 참여하는 이용자들도 많다. 피부 측정 리워드만으로도 상당수의 코인을 모은 유저들이 많을 정도로 팬심이 두터운 편이다. 코○볼 구매 시 20% 할인 혜택도 받아볼 수 있으니 지금부터 피부관리도 할 겸 애플리케이션을 설치해서 게임을 즐겨 보기 바란다. 그동안 개인의 데이터가 무분별하게 사용되고 관리에 소홀했다면, 이제는 개인이 웹에 제공한 데이터에 대한 가치를 인정받아 정당한 보상을 받는 곳을 이용하자.

코인으로 매일 이자받는
노하우는 따로 있다

매일 이자를 받는다면 얼마나 행복할까?

한국은 급속도로 고령화 사회에 진입하고 있다. 나 또한 아이들을 양육하며 노후를 어떻게 준비할까를 늘 고민하고 있다. 역세권에 있는 도시형 생활주택에 1억 2,000만 원을 투자해서 매월 50만 원 정도의 월세를 받고 있다. 임대수익을 위한 투자이지만 1년에 한 번씩 내는 재산세와 건물의 감가상각비를 고려하면 수익률은 그리 높지 않은 편이다.

해운대 마린시티에서는 20억 원 건물에 매월 300만 원의 임대소득을 기대할 수 있다. 20억 원 정도의 건물은 가지고 있어야 노후에 300만 원 정도 생활비를 충당할 수 있다는 계산이 나온다. 물가는 계속 치솟고 돈의 가치는 떨어지는데, 과연 300만 원으로 노후가 충분할지 고민하게 된다. 그러면 어떻게 노후를 지혜롭게 준비할 수 있을까?

확대되는 가상화폐의 시장과 문제점

디지털화폐와 암호화폐의 시대가 열리고, 2030년까지 암호화폐를 보유하고 있는 사람들이 50억 명이 넘을 것이라는 전망을 할 만큼 가상화폐 시장 규모는 더욱 확대되고 있다. 가상화폐 시장이 커지면서 반대급부로 해킹에 대한 두려움과 대비가 절실한 것도 사실이다. 지금도 각종 해킹으로 인한 범죄 사례들이 쏟아지고 있으므로 해킹과 분실을 막는 방법은 가상화폐 투자자들의 공통된 고민이다. 지난해 FTX 사태로 인해 거래소가 안전하지 않다는 인식이 확산되면서 암호화폐 투자자들의 개인용 지갑 사용이 늘어나고 있다.

그동안 대표적인 생체 인식으로 지문 인식과 홍채 인식이 이용되었다. 편리성과 데이터의 안정성 때문에 스마트폰, 주요 공공시설 출입통제시스템 등에 널리 사용되고 있다. 그러나 안전하기만 할 줄 알았던 지문 인식과 홍채 인식에도 가짜 지문, 렌즈를 통한 가짜 홍채를 만들어내면서 비상이 걸렸다.

지문 인식 시스템은 작은 센서를 통해 지문 일부를 캡처해 분석하게 되는데, 뉴욕대학교의 컴퓨터과학과 교수팀은 이런 취약점에 주목했다. 8,000개가 넘는 지문을 분석해 공통점이 많은 부분을 추출해 만들어낸 지문을 통해 5번의 시도 안에 65%의 확률로 마스터키와 같은 만능 지문을 만들어낸 것이다.

홍채 또한 가짜 홍채를 만들어내는 데 성공했다. 독일의 '카오스 컴퓨터 클럽'이라는 해킹 단체는 디지털카메라로 찍은 사람의 홍채 사진을 콘택트렌즈와 결합해 가짜 홍채를 만들어냈고, 이 가짜 홍채를 통해

보안을 해제하는 데까지 걸린 시간은 1분 정도라고 하니 놀라지 않을
수 없다.

철통 보안의 대명사 지정맥 인증

지문이나 홍채보다 더 높은 보안시스템에 적용되는 생체인식 시스템
은 바로 지정맥 인식 시스템이다. 한국기업인 코리센에서 SWA(Shifted
Waveform Analysis) 기술을 접목한 '차세대 지정맥 알고리즘'이 바이오
인식 보안성능 시험평가를 통과했다.

한국인터넷진흥원(KISA)으로부터 전체 인증을 획득해 '차세대 지정
맥 알고리즘 국산화'에 성공해 베인○스 스마트 워치라고 하는 지정맥
인식을 통한 보안성을 높일 수 있는 아이템이 탄생했다.

지정맥 인식이란 근적외선 센서를 통해 사람 손가락에 있는 정맥과
헤모글로빈의 고유한 패턴을 분석해 일치 여부를 판단하는 생체인식
방법이다. 사람의 적혈구 속에는 헤모글로빈이라는 산소를 운반하는
단백질이 존재하는데, 헤모글로빈이 특정 파장대의 근적외선을 흡수하
는 점을 이용해 지정맥 패턴을 얻었다.

이런 지정맥 인식은 지문과는 달리 손가락 내부에 존재하는 혈관 패
턴을 인증하는 것이므로 위조나 변조를 할 수 없다. 손가락 표면의 이
물질이나 습도 등 외부 환경의 영향을 받지 않아 편리하다. 또한, 손가
락 혈관 패턴은 중복 가능성이 없으므로 탁월한 보안성을 갖게 되어 국
방부 총기관리나 정부에서 사용 중인 기술이다. 금융서비스에 도입되

어 핑페이(FingPay)로 사용 중이다.

| 자료 4-4 | 코리센 지정맥 인증 시스템 공급 현황

코리센은 다양한 파트너와 고객사에
지정맥 인증 시스템을 공급하고 있습니다

출처 : 코리센

한국 기업인 코리센은 전 세계에서 유일하게 초박형 모듈을 만들 수 있는 기술을 보유하고 있다. 이를 스마트 워치의 코인 지갑 보안시스템에 적용하기 위해 주식회사 이터널, KT, 베인컴퍼니와 MOU 협약을 맺고, 나아가 휴대폰에도 지정맥 인식 기술을 도입하기 위해 카이스트와 협업을 진행 중이기도 하다.

향후 카드나 스마트폰 없이도 결제가 가능한 '디바이스리스(Deviceless)' 시대를 가지고 올 지정맥 인식 기술이다. 손가락만 있으면 인증이 되는 안전하고 편리한 세상, 해킹이 불가능한 지정맥 인식 기술을 가진 베인○스 스마트 워치의 월렛은 모든 사람에게 필수품이 되는 시대가 도래할 것이다. 이것만으로도 베인○스 스마트 워치를 보유해야 할 이유가 충분하지 않은가?

안전한 스마트 월렛을 구입하면서 자연스레
DAO에 참여하고 수익을 배분받는다

최첨단 보안기술인 지정맥 인식 기술을 도입해 세계 최고의 보안이 강화되고, 분실이나 해킹의 우려가 없는 탈중앙 지갑을 보유하게 되었다. 지갑의 기능을 보면 소프트웨어 기반의 월렛 기능, DeFi, NFT 마켓, 메타버스, 지불결제 등 다양한 부가 서비스를 지원하고 있다. D.Volt DAO(다오)에 참여하면서 발생하는 수익 배분에 참여할 수 있다. 똑똑한 시계 하나를 구입했을 뿐인데 철통 보안 코인 지갑을 보유하게 되고, 매일매일 수익을 얻는 기쁨까지 누리고 있다. D.Volt DAO에 참여하려면 베인○스 사이트(https://vein-x.com/admin/join_direct.asp?d_uid=beatrice&nation=KR)에 들어가면 된다.

| 자료 4-5 | 베인○스 노드보상

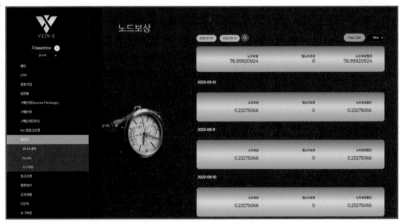

출처 : VEIN-X

ICO 참여가
돈이 된다

ICO의 의미

코인의 ICO는 주식의 IPO와 비슷한 개념을 갖는다. 주식에서 IPO
는 기업 공개로 기업 주식을 대중 투자자에게 공개하고 유통해 자금을
조달하는 방식으로, 기업의 비즈니스 운영에 대해 살펴볼 수 있다. IPO
는 투자자에게 주식을 나누어준다면, ICO는 주식 대신 코인을 나누어
준다고 이해하면 빠르다.

ICO 참여 시 체크 포인트

ICO는 대부분 신생기업에서 사업계획을 가지고 자본금 조달을 위해 진행된다. ICO에 참여하기 전 몇 가지 포인트를 체크해보자.

첫째, 프로젝트 개발자는 간단하고 짧은 문장을 사용해 프로젝트의 목적을 명확하게 정의할 수 있어야 한다. 둘째, 로드맵을 확인하고 장기 개발 상품은 피하자. ICO 단계에서 이미 상품개발이 되어야 하고, 개발 중이라면 최소한 ICO 종료 후 단기간 내에 상품을 접할 수 있어야 한다. 셋째, 사업이 블록체인과 연관성이 있는가? 궁극적으로 주목해야 할 점은 블록체인의 상용화에 얼마나 기여할 수 있는 기술인지 살펴봐야 한다. 넷째, 창립자의 경력을 살펴보자. 창립자가 걸어온 길을 꼭 확인해야 한다. 아무런 성과를 내지 못한 것은 아닌지, 관련된 경력이 있는지 확인해보자. 이력이 절대적인 기준이 될 수는 없지만 참고할 만한 척도는 된다. 다섯째, 커뮤니티가 활성화되어 있는지 체크하자. 투자자들의 말에 귀 기울이며 원활한 소통이 이루어지는지 확인하라. 프로젝트팀과 소통이 잘되는지 확인해볼 필요가 있다. 그래야 건전한 시장 형성과 코인의 성장을 기대할 수 있다.

ICO로 성공한 대표적인 코인들 알아보기

ICO를 세계 최초로 도입한 코인은 이더리움으로 2014년에 1,800만 달러(약 222억 원)를 모았다. EOS는 ICO를 통해 40억 달러(약 4조 원) 이상의 거금을 모으는 데 성공했다. 그 외 파일코인 테조스 등도 ICO를 통해 자금을 모은 대표적인 코인들이다. ICO로 성공한 대표적인 코인들을 보면, ICO 진행 후 조달된 자금으로 성장하는 데 큰 도움을 받았음을 알 수 있다. 백서에 규정된 사업계획으로 평가할 수 있고, 스타트업이나 신흥기업을 육성하며, 자본금 조달에 유리하다. 초기 투자자들에게도 코인이 성장하는 만큼 자산 가치가 상승하므로 경제적 이득을 볼 수 있는 선순환 구조가 된다. 제대로 된 ICO에 참여하면 프로젝트 기업도 좋고, 투자자에게도 좋은 결과를 가져온다.

초기 투자의 안목 키우기

하지만, 대표적인 다단계 사기 피해로 원코인이 있다. 새로운 투자를 유치하면 수수료를 지급하는 수법으로 암호화폐 초창기 투자 열풍을 활용한 최대 폰지 사기로 유명하다. 이와 같은 피해 이슈들로 2017년 이후 우리나라에서 ICO는 합법적이지 않다. 그럼에도 유망한 블록체인 기업들은 해외(주로 싱가포르나 일본)에 법인을 세우고, 국내에서 ICO를 진행하는 경우가 많아지고 있다. 시장 상황이 이렇다 보니 ICO 소식을 접할 수 있는 기회가 늘어날 것이다. ICO에 투자하기 전 앞서 말한 5가지 체크 포인트를 살펴보며 접근하기 바란다. 초기 투자를 잘하기 위해 안목을 키우고 직관력을 높이려면 그만큼 내공을 쌓아야 한다.

99% 사라질
코인 구별법

코인과 토큰의 구별

가상화폐는 크게 코인과 토큰으로 구분한다. 메인넷의 유무에 따라 코인은 메인넷이 있고, 토큰은 메인넷이 없다. 조금 더 이해하기 쉽게 설명하면 코인은 갤럭시폰의 안드로이드, 아이폰의 iOS와 같다. 토큰은 안드로이드(iOS) 기반 위에 설치된 카카오톡, 유튜브, 줌, 인스타그램과 같은 애플리케이션으로 이해하면 된다.

대표적인 코인으로는 비트코인, 이더리움, 리플, 에이다, 솔라나 등이 있다. 코인의 원가는 채굴에 들어가는 비용으로 볼 수 있다. 비트코인의 채굴 비용이 언론에서 자주 언급되는 것을 알 수 있다. 채굴 원가는 높고 시장 가격이 낮다면, 채굴자들의 수익이 줄어 채굴도 줄어들게 된다.

토큰은 채굴 방식이 아닌, ICO 방식으로 발행되어 세상에 알려진다.

특정 플랫폼에서 사용하기 위해 만들어졌으며, 실제 사용하므로 가치가 있다. 플랫폼에서 활용되는 것을 최우선 가치로 두고 있으므로, 플랫폼과 서비스의 가치가 토큰의 가치를 나타낸다. 플랫폼의 이용자 수에 의해 가치가 올라가고, 유용성과 희소성을 인정받게 되는 것이다.

토큰은 암호화폐 시장에서 일어나는 다단계 사기나 폰지 사기(Ponzi scheme, 신규 투자자의 돈으로 기존 투자자에게 이자나 배당금을 지급하는 다단계 금융사기), 먹튀(먹고 튀다의 줄임 말, 정당한 대가를 치르지 않고 이익만 챙겨서 떠나는 경우)를 하는 데 사기꾼들이 대부분 사용하기에 리스크가 높다. 잘 보고 판단해야 하는 가장 중요한 이유가 되기도 한다.

개발된 코인이나 토큰이 사라지는 이유는 무엇일까?

1 플랫폼 블록체인 프로젝트가 예상보다 어려워서 개발이 안 되는 경우

기술력 부족으로 메인넷 개발을 못 하는 경우가 해당한다.

2 지능형 코인 사기로 투자금을 모았을 때

처음부터 사기를 목적으로 투자금만 모으고 먹튀하는 스캠(사실과 다른 내용으로 투자자를 현혹시켜 투자자를 유치한 뒤 파산하거나 잠적하는 행위) 형태의 투자 모집이다.

이런 경우 대부분 실체가 없다. 고수익을 약속하거나 그럴듯한 말로 유인하는 경우, 실체 여부와 개발단계가 어느 정도 진행되었는지 반드시 확인해야 한다.

3 법적 규제로 제한이 있는 경우

코인이 법적 테두리 안에서 성장해야 하는데 규제로 빛을 발하지 못하는 경우가 있다.

4 생존경쟁에서 도태되는 경우

닷컴 버블의 역사를 되돌아보면 제대로 된 비전과 기술력, 그리고 사업적인 역량이 준비된 기업은 살아남고, 야후(재팬 야후 제외), 엠파스, 라이코스와 같은 포털은 역사 속으로 사라졌다.

그렇다면 어떤 코인이 1%의 확률로 살아남을까?

발행된 코인이 1억 개라고 가정하면 99%인 9,900개는 사라지고, 1%인 100개만이 살아남는다. 코인이 제공하는 서비스와 기술력이 인류에게 필요한가, 아닌가를 기준으로 평가해보면 되겠다.

① 실생활에서 쓰고 싶거나 참여하고 싶은 서비스를 제공하는가?
② 서비스를 경제적이고 합리적으로 이용할 수 있는가?
③ 블록체인 기반 위에 스마트 계약으로 명백한 근거가 있는가?

이렇게 3가지 질문으로 체크를 해보자.

코인은 비트코인이 2,100만 개인 것처럼 대부분 발행 개수가 정해져 있다. 금이나 석유도 얼마나 매장되어 있는지 정확하게 알 수 없는데,

비트코인과 같은 코인들은 개발 당시 발행 개수가 정해진 한정된 자원이다. 이 코인을 사용하고자 하는 사람들에 의해 공급과 수요의 법칙이 적용받는다. 그러므로 실생활에서 사용자가 많고, 찾는 사람이 많을수록 코인의 가치는 상승한다. 발행된 코인은 세상에서 쓰임새가 있어야 한다. 유용한 가치를 지녀야 함은 물론, 사용해서 얻는 혜택이 사용하지 않을 때보다 매력적이어야 한다. 공정하고 투명한 블록체인상에 합리적인 생태계가 형성된다면, 이 시장에 참가하는 사람들이 점점 많아질 것이다. 결국 사람들의 관심과 수요가 꾸준하게 있는 코인이라면 살아남을 것이고, 그렇지 않고 개발자의 이익만 챙기거나 기술력 부족으로 적합하지 않은 코인은 서서히 사라지게 될 것이다.

STO를 통해 패시브인컴을 기대하라고?

패시브인컴이 뭔가요? 파이프라인 우화에 대해

세계적인 베스트셀러 작가 버크 헤지스(Burke Hedges)는 2001년 저서 《파이프라인 우화(The Parable of the Pipeline)》에서 액티브인컴을 '물통', 패시브인컴을 '파이프라인'으로 비유했다. 패시브인컴은 일하지 않는 동안에도 발생하는 일정한 수익을 말한다. 주식 투자의 귀재이자 대부로 손꼽히는 워런 버핏 버크셔해서웨이 회장은 "잠자는 동안에도 돈이 들어오는 방법을 찾아내지 못한다면, 당신은 죽을 때까지 일해야만 할 것이다"라며, 패시브인컴의 중요성을 지적하기도 했다. 패시브인컴을 만드는 가장 전통적이고 널리 알려진 방법은 부동산과 주식이다. 최근에는 주식을 새롭게 시작하는 사람들이 늘고 있고, 부동산 재테크는 중위험 중수익으로 꾸준한 투자자들이 있는 편이다.

카사 코리아의 STO

코인 시장에서도 잠자는 동안에 돈이 들어오는 방법을 찾을 수 있을까? STO라고 하는 증권형 토큰 발행은 해당 가상화폐를 발행한 회사의 자산에 대해 소유권을 가지게 된다. 우리나라에서 지금까지 유일하게 샌드박스 규제를 통과한 카사 코리아라는 부동산 신탁회사가 있다.

| 자료 4-6 | 카사 코리아 홈페이지

출처 : 카사 코리아

부동산 신탁서비스를 제공하는 신탁회사로 디지털유동화증권(DABS : Digital Asset Backed Securities)을 투자자에게 발행하고, 발생한 수익금에 대해 배당을 지급한다. DABS는 수익증권으로 보호를 받는다. 소유권은 카사 코리아에 있고, 발생한 수익금에 대해서는 배당금으로 투자자에게 지급하는 방식이다.

안드로이드폰 구글 플레이 스토어(아이폰은 앱 스토어)에서 애플리케이션을 다운받아 회원 가입 후 이용이 가능하다. 자금세탁 방지를 위한 실명거래인증은 필수적이며, 계좌는 하나은행으로 연결해 투자를 시작할 수 있다. 처음 회원가입을 하고, 투자 정보를 입력하면 자동으로 카사의 일반 투자자가 되며 연 2,000만 원까지 투자할 수 있다. 이때 자격요건을 갖춘 일반 투자자의 경우 투자 자격 변경 신청을 통해 소득 적격 투자자 또는 개인 전문 투자자가 될 수 있다. 자격에 따른 연간 투자 한도는 다음과 같다.

투자 자격별 연간 투자 한도

① 일반 투자자 : 연 2,000만 원
② 소득 적격 투자자 : 연 4,000만 원
③ 개인 전문 투자자 : 제한 없음, 단 공모 시 정해진 한도 내 청약 가능
  (공모 빌딩별 청약 한도 상이)

처음 입문자는 최소 5,000원부터 소액 투자를 할 수 있어서 커피 한 잔 값으로 강남의 빌딩에 투자할 수 있다. 그리고 분기에 한 번씩 배당수익도 지급받을 수 있어서 투자 금액에 비례한 패시브인컴을 기대할 수 있다.

| 자료 4-7 | 카사 코리아에서 투자 가능한 빌딩

NFT 크리에이터

패시브인컴을 위한 또 다른 제안은 NFT를 만들어 파는 것이다. 요즘은 블로그나, 유튜브를 운영하는 사람들이 많아서 '콘텐츠 크리에이터 시대'라고 볼 수 있다. 미술작품이나 음악, 사진 등 다양한 형태의 콘텐츠를 NFT화할 수 있다. NFT를 한마디로 표현하면 디지털 증명서다. 소유의 실질적 주체가 당신 것이라는 증명을 해주는 것이다. 창작자의 권한이 규명되며, 가치를 인정받을 수 있기에 아티스트들에게 새로운 장이 열린 것이다. 활발한 거래가 이루어지는 NFT 거래소 세 군데를 안내하면 다음과 같다.

1 오픈씨(Opensea)

세계 최초이자 세계에서 가장 큰 NFT 거래소다. 현재 200종 이상의 카테고리와 400만 개 이상의 아이템들이 상장되어 있다. 엑시 인피니티(Axie Infinity), 크립토키티(CryptoKitties)와 같은 소장품 게임, 예술품, 도메인, 게임 아이템, 게임 내 부동산 등 복합장터다. 특별한 심사 없이 누구나 자신의 작품을 올리고(민팅(Minting)) 팔 수 있다. 결제 수단으로는 신용카드 사용은 불가능하고, 이더리움 등 가상화폐만 가능하다. 국내 카카오 블록체인 계열사인 클레이튼의 가상화폐 클레이로 구매할 수 있고, 카카오 클립에 작품을 담을 수 있다. 특히 한국어도 일부 지원해서 처음 접하기 좋은 곳이다.

2 니프티 게이트웨이(Nifty Gateway)

일론 머스크의 전 여자 친구 그라임스(Grimes)가 그림을 20분 만에 판매해 65억 원을 벌었다는 플랫폼으로 유명하다. 작품 심사가 까다롭게 진행되며 디지털 아티스트인 비플(Beeple)의 작품, 데드마우스(deadmau5)나 그라마틱(Gramatik) 등의 유명 뮤지션의 음악이나 유명 농구 선수 코비 브라이언트(Kobe Bryant)의 벽화 등 선별한 예술 작품들이 주로 판매되고 있다. 결제는 이더리움 같은 가상화폐가 없어도 신용·직불카드 결제가 가능해서 편리성을 제공한다. 2022년에는 삼성전자가 스마트TV 전용 NFT 플랫폼을 만들기 위해 니프티 게이트웨이와 업무 협약을 맺기도 했다.

3 슈퍼 레어(Super Rare)

2018년 4월에 설립된 이더리움 기반의 NFT 아트 플랫폼이다. 최근 미술 시장에서 큰 거래액을 기록하고 있는 곳이다. '최고로 희귀하다'라는 이름에 걸맞게 슈퍼레어는 심사를 통과한 아티스트만 사이트에서 NFT를 발행할 수 있다. 큐레이팅 시스템을 운영 전략으로 하고 있어 진입이 까다로운 만큼 컬렉터들의 관심이 크고, 승인받은 작품들은 고가에 판매될 수 있다.

창작의 자유가 있고 그 창작물에 대한 위변조 없이 고유의 자산으로 인정받을 수 있는 NFT의 세계에도 관심을 가져볼 만하다. 소비자의 시선에서 생산자의 관점으로 바꿔서 인스타그램에만 올리던 사진이나 글에 의미를 담아 NFT로 글로벌한 디지털 시장에 올려보는 것은 어떤가?

나도 패시브인컴을 받을 수 있다

앞서 이야기한 부동산 신탁회사인 카사 DABS에 투자해서 분기별로 배당 수익을 받거나 매각 시 차익에 대한 수익을 받을 수 있다. NFT 크리에이터가 되면 잠자는 동안에도 수익이 꾸준히 발생할 수 있다. NFT 작품이 팔리면 소유권은 이전되지만, 저작권에 대한 로열티를 지속해서 받을 수 있기 때문이다.

이 외에도 패시브인컴의 다양한 방법으로 DeFi를 통한 이자 농사가 있다. DeFi 분야는 최근 블록체인 분야에서 주목받고 있는 분야이지만, 구체적인 동작 메커니즘을 이해하고 설명하기가 쉽지 않다. 이 장에서는 생략하지만, 관심을 두고 공부해볼 분야이니 앞으로 주의 깊게 지켜보기를 권하고 싶다.

펀더멘털이 강한
코인을 고르는 법

펀더멘털이란?

펀더멘털의 사전적인 의미는 '근본적인, 핵심적인, 기본적인'이다. 경제학에서 펀더멘털은 한 나라의 경제적인 기초 체력이자 경제상태를 표현할 때 기본적인 자료가 되는 경제성장률, 물가상승률, 경상수지 등 주요 거시경제지표를 의미한다.

주식에서는 기업의 본질적 가치, 예를 들어 재무적 건전성이나 미래 성장 가능성이 있는 회사 및 종목인지를 분석하거나 투자하는 방식을 펀더멘털 투자라고 지칭한다. 마찬가지로 코인에서도 코인이 가지고 있는 본질적 가치를 분석해서 투자하는 것을 말한다. 코인의 건전성과 미래 성장의 동력이 있는지를 분석하고 투자하는 것은 정말 중요하다.

펀더멘털이 강한 코인은 어떻게 고를까?

현재는 코인 시장이 좋지 않은 상황이다. 많은 사람의 관심도 줄어들고 있다. 하지만 코로나19 사태 후 국내에서는 기존 비즈니스에 블록체인을 얹어 목적에 맞는 사업성과 시스템을 가지고 여러 기업에서 코인을 만들고 있다. 실물 경제에서 이용이 되는 코인 토큰들이 만들어지는 중이다. 이때 옥석을 가려 제대로 된 코인을 골라보자. 다음은 상장된 코인을 공시자료를 통해 체크하고 확인할 수 있는 방법이다.

① 백서 : 코인의 사업 계획, 기술적인 내용, 투자 계획, 코인이 현재 거래되는 방식에 대해 기술되어 있다.

② 홈페이지 : 코인의 소개, 뉴스, 로드맵, 재단 구성원에 대한 정보, 커뮤니케이션 채널들을 확인하고 SNS 채널에 직접 참여할 수 있다.

③ 거래소 상장 검토보고서 : 코인이 거래소에 상장되었다면 거래소에는 검토보고서가 있을 것이다. 거래소는 상장, 투자 유의, 거래지원 종료 등을 결정하기 위해 일정 기준에 따라 코인을 평가하는데 그 결과가 바로 검토보고서에 기록된다.

④ 쟁글공시 보고서 : 싱가포르 법인에서 만든 온라인 플랫폼으로, 각 거래소의 공시자료를 한꺼번에 조회할 수 있고, 가상화폐 프로젝트의 재무 건전성 및 경영 성과, 기술 감사 및 법률 자문 등을 토대로 가상

화폐 신용도를 평가하기도 한다.

다음은 상장 전 코인에 대해 검토하는 나만의 기준이다. 지극히 개인적인 관점에서 바라본다는 점을 미리 양지해주길 바란다.

① 코인과 연결된 실물 비즈니스가 인류에 도움이 되는가?

예를 들어 환경을 보호하는 친환경 제품이라던가, 서비스로 지출되던 비용을 절감시켜준다던가, 빠른 속도로 업무처리를 돕는다던가 등 어떤 효율성을 얻을 수 있는지 검토해본다.

② 경영자의 마인드와 경력은 신뢰할 만한가?

기업을 이끄는 경영자의 마인드나 경력을 살펴볼 필요가 있다. 백서 한 장에 사업 내용을 모두 담기에는 한계가 있다. 경영자가 비즈니스를 이끌어갈 능력이 있는지 체크하는 것은 중요한 사안이다.

③ 어떤 파트너사들과 함께하는가?

코인 발행은 자금을 모으는 일이다. 모은 투자금으로 누구와 함께 사업을 하는지, 연관된 주변 인프라를 체크해볼 수 있다면, 그 배경을 아는 것만으로도 투자 결정에 도움이 된다.

타임머신을 타고 과거로 간다면?

만약 20년 전 우리나라 닷컴 열풍이 불 때로 타임머신을 타고 돌아가간다면 어떤 주식을 살까? 아니, 20년이 너무 먼 과거라면 2010년 초로 되돌아가서 여러분은 어떤 투자를 선택할까? 나는 비트코인을 아는 이상 솔직히 비트코인에 투자하고 싶다.

현재 세계 1위를 앞다투는 기업인 아마존, 구글, 애플, 메타(페이스북)와 같은 기업이 모두 IT 기업이다, 우리나라의 재계 순위를 바꾼 카카오도 IT 기업이다. 이런 기업들의 초창기 시점으로 돌아간다면, 성장 가능성을 캐치하고 초기에 투자하는 안목이 있었을까? 눈에 보이는 기업을 분석하고 투자하는 주식도 예측하기가 이렇듯 어려운데, 눈에 보이지도 않는 코인의 성장을 예측한다는 것은 쉬운 일이 아니다. 아마 10년 전으로 돌아갔더라도 비트코인에 투자하거나 카카오에 투자하기는 힘들었을 것이다.

아무리 강조해도 공부는 선택이 아닌 필수

지금은 4차 산업시대이며, 웹 3.0시대로 발전하고 있다. 지금껏 살아온 시대와는 다른 시대를 맞이하는 변곡점에 서 있다. 빠르게 변하는 세상을 앞질러 가기보다는 《거울나라의 앨리스》에 나오는 붉은 여왕 이야기처럼 제자리라도 걷기 위해서는 공부는 선택이 아닌 필수인 시대다.

코로나로 인해 급격한 변화의 물결을 타고 화폐의 패러다임도 변하고 있다. 현재 코인 시장이 약세장이라고는 하나, 가상화폐는 이제 거스를 수 없는 대세가 되었다. 지금부터 건강한 코인을 고르는 통찰력을 기르기 위해 꾸준한 공부를 한다면, 앞으로 10년 후 미래는 분명 달라질 것이다. 조급하지 않되 탄탄하게 실력을 쌓기 위한 공부법에 정답은 없다. 다만 꾸준함과 성실함이 뒷받침되어야 한다. 부족하나마 그동안 내가 공부해온 방식을 공유하자면 다음과 같다.

첫 번째는 꾸준한 경제뉴스와 재테크 관련 소식지를 구독해 세계의 경제상황과 사람들의 심리를 파악한다.

두 번째는 텔레그램을 통한 각종 코인 소식을 실시간으로 제공받는다. 대부분의 코인이 텔레그램이나 트윗 등에 오피셜 채널이 있고, 커뮤니티를 형성하고 있다. 코인데스크와 같은 전문 채널들도 다수 있어서 실시간으로 신뢰할 만한 정보를 입수하기에 유리하다.

세 번째는 관련 책들이 나올 때마다 읽는다. 초보를 위한 입문서부터 차트 공부를 위한 책, 메타버스, NFT 관련 책들까지 읽으며 배경지식을 넓힌다.

네 번째는 이동 시에 자주 이용하는 방법으로 유튜브를 통해 유튜버들의 관점에서 설명해주는 소식을 들으며 나의 견해와 비교한다.

펀더멘털이 강한 코인 분별력을 키우자

이렇게 최소한 1년 이상 꾸준히 하다 보면 어렵게 느껴지던 코인 용어가 이해되기 시작한다. 코인마다 생태계가 어떠한지, 성장 가능성은 어떠한지, 현재 시장 상황은 어떠한지를 알게 된다. 그러면서 조용히 내공을 키울 수 있다. 실력이 쌓이면 어떤 코인이 펀더멘털이 강한 코인인지, 아닌지 판가름할 수 있는 기준이 생기기 때문에 쉽사리 묻지마 투자 등에 현혹되지 않는다. 코인 자체의 건전성도 중요하지만, 그 여부를 판단할 수 있는 능력을 키워가는 내공 또한 못지않게 중요하다.

투자할 때는 가슴이 아닌 머리로 하라

메가 트렌드가 된 가상화폐

〈포브스〉 발표에 의하면, 신흥 억만장자 중 코인 부자가 대거 등장하고 있다. 코인과 블록체인 기술로 부를 축적한 코인 관련 억만장자에는 자오창펑(바이낸스), 브라이언 암스트롱(코인베이스), 리플 공동 창업자 크리스 라슨 등 가상자산 거래소를 운영하거나 코인 개발자들이 있다. 따라서 새롭게 부상하는 코인 산업이 미래를 이끌어가는 흐름임을 읽을 줄 알아야 한다.

가상화폐 시장 초기에는 개인들이 주로 진입하다가 비트코인에 기관투자들의 비중이 높아지면서 시장은 점점 더 확대되고 있다. 우리나라에서는 국민은행, 신한은행, 농협 등 신뢰가 검증된 은행, 보험사, 증권사에서 가상자산 수탁 서비스를 준비하고 있다. 수탁 서비스(커스터디 서비스(custody service))란 주식을 한국예탁결제원에서 수탁해주듯 기존 금융권에서 암호화폐 지갑의 보안키를 대신 보관하고 관리해주는 서비스다.

CBDC(Central Bank Digital Currency)라고 하는 디지털화폐를 준비하고 있는 나라들도 주요 20개국인 G20 중 무려 16개국이 연구하고 있다. 모든 형태의 소비를 지원할 수 있는 디지털화폐 시대가 도래한 것이다.

메가 트렌드가 되어버린 가상화폐 시장이지만, 입문하는 초보자들은 여전히 새가슴일 수밖에 없다. 요즘처럼 하락장에서는 80%에 가까운 손실을 본다는 소식도 들린다. 하루에도 몇 번을 요동치는 코인 시장을 파악하기란 쉽지 않다. 이런 코인 시장에 입문한다는 것은 대단한 용기가 필요하다. 모든 투자에 적용되겠지만, 특히 코인은 흥분되는 가슴이 아니라 차가운 머리로 해야 한다. 등락이 심한 코인 시장에서 살아남기 위해서는 정확한 분석과 냉철한 판단력이 밑받침된 멘탈 관리가 중요하다.

입문 전 투자 기준을 명확하게 정해야

실전에 입문하기 전에 투자자 본인만의 확실한 성공 투자 기준을 세워야 한다. 확실한 투자 기준 없이 덤비다 보면 카더라 통신에 의해 휘둘릴 수 있다. 투자 기준을 명료하게 수치화하는 것이 좋다. 예를 들면 시드머니는 몇 % 이내로 정한다든지, 코인 종목은 몇 종목으로 선정하겠다 같은 것을 정하는 게 좋다. 너무 많은 코인을 가지고 있다 보면 위기 상황에서 발 빠른 대처가 어려울 수 있다. 수익률에 대한 기준도 수익 몇 %에 익절, 손실율 몇 %에는 손절하겠다는 기준을 세워서 반드시 지켜야 한다. 정한 기준을 기계처럼 적용하지 않고 예외를 두다 보면 실패할 확률이 높아진다. 수익이 나면 욕심을 부리다가, 손실이 나면 괜찮아질 거라는 희망을 품다가 결국은 손실을 보게 된다.

나는 이렇게 투자한다

나는 한꺼번에 목돈으로 투자하는 방식보다는 매월 적립형 투자를 선호한다. 월 30만 원씩 적립식으로 꾸준히 투자하고 있다. 일시금으로 투자할 때는 시드의 최대 20%까지 투자한다. 코인 종목의 선정은 주로 그레이스케일 포트폴리오에 포함된 코인과 업비트에서 시가총액 상위 코인 10위 안에 있는 코인과 비교하면서 종목을 정한다. 단타를 하는 경우에는 차트의 이동평균선을 보며, 지지선에서 매수하고 저항선 사이에서 매도하기도 한다. 그러나 나는 주로 장기적으로 보유할 코인에 집중하며 매월 같은 금액으로 매집하고 있다. 코인을 현금 헤지 수단으로 노후를 준비하는 데 목적을 두고 있기 때문이다.

초기에 투자할 수 있는 ICO 코인이나 블랙 마케팅의 코인들도 눈여겨보는 편이다. 이런 코인들은 잘 고르면 단기에 큰 수익을 낼 수도 있지만, 반대로 위험도 크기 때문에 신중에 신중을 기하는 편이다.

편협한 판단을 하지 않기 위해 코인 관련 정보나 뉴스는 코인데스크 코리아를 통해 브리핑이나 시황자료로 확인한다. 아는 만큼 보이기 때문에 막연한 두려움을 이길 수 있다. 주식과 코인은 떼려야 뗄 수 없는 상관관계가 있기에 팍스넷 사이트를 통해 증시 스케줄과 글로벌 증시 일정도 확인하는 편이다. 신기한 것은 같은 정보를 보고도 누구는 기회를 잡고, 누구는 그냥 흘려보낸다. 시장 상황을 읽어낼 줄 아는 안목이 중요함을 투자하면 할수록 느끼게 된다.

혹여 특정 코인을 매수했을 때 마음이 불안하면 아예 매수하지 않는 것이 정신 건강에 좋다. 감정에 휩싸이지 않고 예리한 판단력으로 투자에 성공하려면 나만의 확실한 기준을 세워야 한다. 정보를 수집하고 데이터를 분석하는 일에 정성을 다해 성공 투자자가 되자.

코인 하나로
경제적 자유로 가는 법

앞으로의 10년, 오늘의 선택에 달려 있다

10년 전의 나에게
해주고 싶은 말이 있다면?

2012년에 당신은 무엇에 집중하고 어떤 선택을 고민하고 있었을까? 나는 TM 센터에서 미친 듯이 콜하며 하루 3~4시간의 순수 콜타임을 맞추느라 애쓰던 모습이 선하다. 점심에는 집에서 싸온 도시락을 먹으며, 직장 동료들과 잠시 휴식을 취하고, 다시 조그만 부스 안에 앉아서 하루 종일 눈과 손, 목소리만으로 일했던 그때 그 시절. 전산 시스템만 갖춰진다면 재택근무도 가능한 업무가 아닐까 생각했다. KT 114에서 집에서 근무하는 재택 근무자가 있다는 소식을 들었을 때라 불가능하지는 않을 듯싶었다.

그러나 인바운드와 아웃바운드는 콜업무상 엄연히 달라서 기술적인 시스템은 비슷할지 몰라도 효율성에는 차이가 크다. 10년 전 나는 콜센터의 세계에서 벗어날 수 없는 닫힌 사고를 하고 있었다. 다른 영역으로의 지식 확장이나 자기 계발은 아예 꿈도 꾸지 않고 현실에 안주해 살았다. 그 당시 노력 대비 만족할 만한 결과를 얻고 있었고, 주변의 다른 업종에 있는 사람들보다 수익도 높았기에 더 이상의 변화나 도전은 관심 밖의 일이었다.

지금은 어떠한가? 코로나라는 사회적인 이슈도 있었지만, 개인적인 상황도 변화가 있는 시점이라 그 누구보다 변화에 적극적이다. 자기계발을 위한 독서와 실천을 위한 100일 끈기 프로젝트들로 단련시켜가고, 새로운 학문을 배우기 위해 사이버대학교를 입학하는 등 도태되지 않기 위해 부단히 애를 쓰는 중이다. 비단 나뿐이랴? 주변의 많은 사람을 보면, 학교에 다니는 중고등학생만큼이나 배우고 성장하려는 도전자들로 넘쳐난다. 세상을 읽어내려는 사람들은 한결같이 멈춰 있기를 원하지 않는다. 그 어느 때보다 긴박하게 움직이고 변화에 대응한다.

코로나 팬데믹 상황에서도 10년 전 나처럼 자기만족의 삶을 영위하고 있는 사람들은 세상의 변화에 둔감하고 필요성을 느끼지 못한다. 지금의 삶에 만족하고 있기에 불편한 변화와 도전을 꺼리는 것은 어찌 보면 당연한 일일 것이다.

10년간 벌어진 일이 팬데믹으로
수일 만에 벌어졌다

2021년 11월, 〈이코노미조선〉의 '미래학자들의 제언 "2030년 생존하려면 'CHANCE'에 주목하라"'는 기사를 보면, 코로나19 팬데믹 위기가 터지자 지난 10년간 이루어진 전 세계 온라인 배송량이 단 8주 만에 이루어졌다고 한다.

| **자료 5-1** | 미래학자들의 제언 관련 기사

Chosunbiz

산업 > 기업

미래학자들의 제언 "2030년 생존하려면 'CHANCE'에 주목하라"

[이코노미조선]
미래 키워드 '경험경제·생명연장·AI·탄소중립·富의 이동·신흥국'

안상희 기자   안소영 기자
입력 2021.11.29 06:10

출처 : 〈이코노미조선〉

원격 의료는 15일 만에 10배가 늘었고, 원격 근무로 화상회의는 3개월 만에 20배 늘었다. 맥킨지앤드컴퍼니는 지난해 6월 발간한 보고서에서 "10년간 벌어진 일이 팬데믹으로 수일 만에 벌어졌다"라고 했다. 이처럼 코로나19는 변화의 촉매제 역할을 하며, 멀게만 느껴진 미래를 빠르게 앞당겼다.

다가올 미래는 경험경제, 생명연장, 인공지능(AI), 탄소중립, 부의 이동, 신흥국에서 기회를 모색한다. 경험경제에서는 배출가스 규제를 받지 않는 가상자산에 대한 소비가 늘 전망이다. 비행기와 자동차를 타지 않고 가상현실을 통한 여행이 일상화될 것이라는 관측과 맥이 닿는다. 제이슨 솅커(Jason Schenker) 프레스티지 이코노믹스 회장은 "가상자산, 메타버스 소비가 활성화될 것"이라고 보고 있다.

AI와 확장현실(XR), 블록체인, 자율주행, 사물인터넷(IoT), 3D프린팅, 양자컴퓨터 등 7가지 딥테크 기술이 10년 동안 적게는 50조 달러(약 6경 원), 많게는 200조 달러(약 24경 원)의 부(富)를 창출해낼 것이라고 한다. CHANCE라는 키워드에서 눈여겨볼 단어는 가상자산, 메타버스, 블록체인, NFT 등이다. 부의 이동으로 가는 핵심 요소다(참조 : 〈이코노미조선〉).

이 신문 기사로 다가올 10년이 선하게 그려진다. 마우로 기엔(Mauro Guillen)의 《2030 축의 전환》에도 비슷한 내용이 나온다. 세계의 축이 미국과 유럽에서 아시아와 아프리카로 이동한다. 중국과 인도가 가장 큰 소비 시장이 될 것이며, 남성보다 여성이 더 강해지고 부유해질 것이라고 한다. 특히 노동자의 절반 이상이 임시직으로 내몰리는 변화를 예고하고 있다.

중요한 핵심은 '시간은 우리를 기다려주지 않는다'라는 사실이다. 2030년은 예측할 수 없을 정도로 먼 미래가 아니다. 우리는 코앞에 있는 미래의 기회와 도전 모두에 대해 준비해둘 필요가 있다. 오늘날 우리가 아는 세상은 2030년이 되면 사라지고, 사람들은 지난날을 돌아보며 "세상이 그렇게 급박하게 돌아갈 때 나는 뭘 하고 있었지?"라고 자문할 것이다(《2030 축의 전환》에서 인용).

오늘의 선택이 10년을 좌우한다면 당신은 어떤 선택을 할 것인가?

코인 투자로
성공한 사례

우리나라 코인 시장의 역사는 그리 길지 않다. 우리나라에 가상자산 거래소가 처음 등록된 때가 2014년이니 8년 정도 되었다고 해도 과언이 아니다. 2014년 강남에는 1회 최대 10만 원까지 구매할 수 있는 비트코인 자판기가 있었던 시절이기도 하다. 2017년에는 ICO 열풍으로 다단계가 성행하고, 사기와 묻지 마 투자로 선량한 사람들의 피해가 양산되었다. 짧은 역사임에도 코인 시장에서 성공 투자 사례를 찾아보니 수익률이 상상을 초월한다.

사례 1 에이다(ADA) ICO에 참여한 E씨 사례

E씨는 코인계에서 산전수전 공중전까지 겪은 인물이다. 일찌감치 코인을 접하게 된 E씨는 에이다(ADA)가 2016년에 실시했던 가상화폐공개(ICO)

에 참여했다. 그 당시 가격이 원화로 1개에 3원인 ADA를 300만 원 정도에 매수해 2021년에 개당 2,100원이 될 때 일부를 매도했다. 무려 700배의 수익을 5년 만에 올릴 수 있었다. 매도한 돈을 어디에 썼을까 궁금해 물으니 와이프에게 10억 원, 결혼할 딸에게 3억 원, 그리고 본인을 위해 벤츠 S클래스를 구입했다고 한다. 반도체 수급 문제로 차량 공급이 원활하지 않자 가장 빨리 인수하고자 2억 5,000만 원을 현금으로 지급했다고 한다. 억 단위의 차를 현금으로 살 수 있는 사람이 있다는 사실에 놀랐고, 차를 구매한 목적이 나만의 공간을 만들기 위해서라는 말에 또 한 번 놀랐다. 평소에는 카페에서 노트북을 가지고 정보를 검색하느라 시간을 보내는데, 카페에 손님이 많아지면 소음으로 집중이 안 되어 조용하게 사용할 혼자만의 공간을 위해 S클래스를 구매했다고 한다. 벤츠 S클래스 1/60 장난감도 아닌 실물을 현금으로 구매하다니 아무튼 놀랠 노자다. 45개의 프로젝트와 ICO 투자 경험이 풍부한 분을 멘토로 모시고 있음에 감사하고, 이분의 삶이 진정한 디지털 노마드가 아닌가 하는 생각이 든다.

사례 2 루나 매수 후 1년 동안 보유한 K씨 사례

매일 아침 7시에서 저녁 7시까지 주 5일을 성실하게 근무하며, 그저 밥을 굶지 않는 것에 만족했던 평범한 K씨. 2020년 가을쯤 루나가 300원일 때 실패하더라도 일단 해보자는 생각으로 피땀 흘려 모아둔 1억 원을 루나에 넣었다. 그리고 8만 원이 되었을 때(2021년 12월경) 전량 매도해 266%의 수익을 본 사례. 이 내용은 모 유튜버의 댓글에 올라온 사례로 1년 만에 1억 원이 266억 원이 되는 놀라운 수익률을 경험하게 되었다. K씨는 그동안 하던 일을 접고 강남으로 이사 계획도 잡고 있다. 이분의 경우 어렵게 벌어서 모은 1억 원을 투자할 용기와 300원일 때 매수하고 1,000원으로 오르고 10,000원으로 올라도 매도하지 않고 1년 이상 꾸준히 가지고 있었기에 266%의 수익을 맛볼 수 있었다. 물론 안타깝게도 루나는 상장폐지 되었지만, 코인의 성장성을 보여주기에 좋은 예라서 공유한다.

사례 3 ・ 2014년 비트코인 20개를 구입한 L씨 사례

L씨는 한국에 암호화폐 거래소가 처음 생긴 2014년 당시 비트코인 20개를 평단가 57만 원에 매수했다. 2021년 8월 31일의 비트코인 종가는 5,523만 원이었다. 수익률은 9,589%, 총수익금은 10억 9,320만 원이 된 순간 파이어족이 되기 위해 과감히 사표를 던진 L씨! L씨는 코인 중에는 대장주인 비트코인만 보유한 사례다. "무슨 확신으로 비트코인을 구입했나?"라고 질문하니, "비트코인은 2,100만 개까지 채굴할 수 있다. 천연 광물인 금, 다이아몬드, 석유 등도 공급이 고정되어 있지 않은데 비트코인은 고정되어 있다. 이 경우 가격은 수요에 따라 결정 날 수밖에 없다. 수요가 많으면 가격이 오르고, 수요가 없으면 가격이 내려간다. 비트코인을 1개라도 갖고 싶어 하는 사람이 전 세계 78억 인구 중에 2,100만 명만 넘으면 가격은 오른다"라고 답했다. 처음 비트코인을 매수할 때부터 10년은 보유할 계획으로 투자했다고 하니 2024년까지는 보유할 예정이라고 한다. 때마침 2024년은 비트코인의 반감기라서 가격은 더 급등할 수도 있다는 희망을 가져본다.

이러한 코인 투자로 성공한 사례들에서 알 수 있는 성공 포인트는 다음과 같다.

① 초기 투자
② 오래 보유(최소 1년 이상)
③ 보유한 암호화폐에 대한 믿음

이들은 이 방법으로 최소 266~9,589%까지 고수익을 올릴 수 있었다. 우리도 이런 수익률을 기대할 수 있다. 건강한 코인의 ICO에 참여하고, 단타가 아닌 장기적인 안목으로 보유하며 성장하기까지 기다린다면 충분히 가능한 수익률이다. 꼭 1,000% 수익률까지는 아니더라도 코인 시장의 급성장으로 높은 수익을 기대할 수 있다. 그때를 위해 왕초보인 코린이들은 시드를 모으고 장전하면서 주경야독하는 마음으로 공부하자.

코인, 제대로 공부하면
누구나 월 1,000만 원 벌 수 있다

가상화폐 투자에 성공하려면 어떻게 해야 할까? 가상화폐의 배경을 이해하려면 기본적인 지식이 필요하다. 그러나 지식에 매몰되어 있다면 실패할 확률도 높다. 지식에 얽매여 새로운 정보를 받아들이지 않는다면 오히려 지식은 독이 된다. 투자는 지식으로 하는 것이 아닌, 정보를 가지고 감각적으로 해야 하기 때문이다. 더구나 가상화폐의 변동성은 지식으로 맞추기 어렵다. 예측 불가능한 요인들에 의해 영향을 받다 보니 감각이나 통찰력이 더 필요하다. 이런 감각이나 통찰력은 배워서 되는 일은 아니고 많은 경험이 필요하다. 경험을 쌓기 위해서는 적당한 거래소에 계정을 열고 공부해서 선택한 코인들 3~4종목을 매도 및 매수하기를 반복적으로 하는 것이 좋다. 그렇게 반복해서 거래하다 보면 감각이 익혀질 것이다. 운전면허를 지식(가상모니터)으로 배우고, 주행 연습을 여러 번 하다 보면 자연스럽게 도로에서 운전할 수 있게 되는 것처럼 투자는 지식이 아닌 숙달된 감각으로 하는 것이다.

초기 투자에 들어갈 코인 선별법 3가지

첫째, 코인은 초기 투자가 유리하다. 초기에 저렴한 가격으로 투자했다가 상장 후 기대수익을 노릴 수 있다. 하지만 ICO에 참가한다고 모두 수익이 보장되지는 않는다. 현재 우리나라의 경우 ICO 법적 규제와 관련해서는 규제법이 없는 상태다. 법적 규제가 없기에 투자자들의 주의와 노력이 필요하다. 관련 정보를 온라인으로 꾸준하게 탐색하고 연구해야 한다. 올바른 ICO에 한 번만 제대로 참가해도 상당한 수익을 낼 수 있으니 꼭 유념하기 바란다.

둘째, 향후 상장 여부는 필히 확인한다. 상장은 코인의 기본적인 신뢰성을 인증받는 과정이기 때문이다. 잡코인이 아닌 알트코인으로 자리매김하기 위한 과정이 상장인 셈이다. 대형거래소에 상장되면, 더 많은 관심과 투자가 집중되기 때문에 상장 소식은 해당 코인에 호재 역할을 한다. ICO를 진행하는 일방적인 이야기만 듣지 말고, 다양한 기관이나 사람들의 이야기를 듣고 판단하는 것이 현명하다.

셋째, 상장 후 코인의 수요 여부를 확인한다. 상장 전 코인에 투자하는 입장에서는 상장 후 매도할 계획인데, 시장에서 그 코인을 사려고 하는 매수 세력이 없다면 떡락이 예상된다. 그러므로 사 줄 사람이 있는지 수요를 체크하고, 시장성이 있는 산업인지 필히 체크해야 한다. 이렇게 기본적인 체크 포인트를 확인하고, 초기 투자에 들어가는 것이 현명하다. 초기 투자에 들어갈 코인을 선별했다면, 그 코인의 프로젝트대로 성장하는지 지켜보며 원하는 수익률까지 여유 있게 보유하자.

채굴형 코인 투자

채굴형 코인에 참여하고 꾸준한 노드 보상을 받는 경우에는 재단과 프로젝트를 더 면밀히 보고 들어가야 한다. 미래발전성이 있고 건전성, 수익성이 있는 프로젝트인지 체크해야 한다. 잘 고른 코인은 꾸준한 노드 보상으로 매월 연금성 소득을 기대할 수 있다.

코인 투자 방법에 따른 직접 투자, 채굴형 투자, 코인 펀드를 통한 간접 투자를 통해 다양하게 포트폴리오를 구성한다. 각 코인에서 원하는 수익률이 나오면 과감하게 매도해서 원화로 바꾼다. 수익금의 크기에 따라 부동산이나 주식 코인 등에 재투자하면서 투자의 선순환을 이끌어낸다. 이렇게 몇 번의 선순환 구조를 가지고 있으면, 안정적으로 누구나 월 1,000만 원 이상의 수익을 벌 수 있다.

반짝반짝 빛나는
당신의 50대를 위해

지금껏 살아오면서 그 누구보다 성실하게 살아왔을 당신에게 묻고 싶다. 당신 인생은 만족스러웠는지, 노력한 만큼의 대가를 보상받으며 살았는지. 때로는 저평가되어 속상할 때는 없었는지, 내가 더 성실하게 근무했는데 상사 눈에는 내가 아닌 옆 동료가 더 인정받아 억울한 감정이 든 적은 없었는지. 궂은일은 내가 다 했는데, 승진은 인맥 좋은 다른 사람이 먼저 하고 뒷방으로 밀려나는 느낌을 한 번쯤은 느껴봤을 수 있다. 그러나 걱정하지 마라. 내 인생, 내 운은 지금부터 내가 관리한다. 그 누구에 의해서, 누구에게가 아닌 나 스스로가 내 미래를 결정한다.

나이 40이면 불혹(不惑)이라 해서 주변의 유혹에 흔들리지 않는다고 한다. 내 나이 40에는 흔들리지 않으려고 보험사에 모든 시간과 정성을 쏟아 충성을 다했다. 아침 일찍부터 저녁 늦게까지 목에서 피가 나올 때까지 열심히 일했다. 그 결과 건강이 안 좋아졌을 때 회사라는 조

직은 개인의 건강을 그다지 신경 쓰지 않는다는 사실을 알았다. 물론 애사심까지 가지고 일했던 것은 아니지만, 막상 아파 보니 회사에서 직원의 위치는 자동차 부품 정도였다는 사실을 깨달았다. 그래도 40대에는 다른 대안이 없었다. 앞만 보고 달리느라 옆을 볼 겨를이 없었다.

나이 50의 의미

나이 50은 하늘의 뜻을 안다는 의미로 지천명(知天命)이라 한다. 공자(孔子)가 나이 쉰에 천명(天命), 곧 하늘의 명령을 알았다는 데서 연유해, 쉰 살을 가리키는 말로 굳어졌다. 하늘의 뜻을 알아 그에 순응하거나, 하늘이 만물에 부여한 최선의 원리를 안다는 뜻으로 해석된다. 나이 50을 바라보니 하늘의 이치를 조금은 알 듯하다. 그동안은 내 주관에 의해 내 생각과 뜻을 가지고 불도저처럼 앞만 보고 살아왔다. 그러다 건강도 잃어 보고 세월의 풍파도 맞아 보면서 성장하는 계기가 되었다.

'열심히 일한 당신 떠나라'는 광고카피가 있다. 그동안 충실하게 맡은 바 책임을 다하며 살아온 모든 이들의 떠날 자유를 위해 지금까지 일하던 방식이 아닌 다른 방식으로, 다른 투자 방식으로 세상을 보는 관점을 다르게 보자고 말하고 싶다. 관점이 바뀌면 그 속에서 기회가 있음을 알 수 있고, 그 기회를 어떻게 내 것으로 만들 수 있을지 지혜도 얻을 수 있다.

당신이 꿈꾸는 50대는 어떤 삶인가?

성공이란 경제적 여유뿐만 아니라 시간의 자유도 포함한다. 하고 싶을 때 할 수 있고, 하기 싫은 것은 하지 않을 수 있는 자유! 어쩔 수 없는 상황이라 쉬지도 못하고, 하기 싫은 일도 해야 하는 삶이 아닌, 진정한 자유를 누릴 수 있는 삶을 희망한다.

내가 바라는 50대의 삶은 궁극적으로 하고 싶은 일에 대한 Why를 찾아 그길로 정진하는 것이다. 오래전부터 나의 꿈은 한옥 호텔을 경영하는 것이었다. 한국의 전통과 문화, 가치와 얼이 가장 세계적이라는 가치를 전하고 싶다. 그 가치를 전하는 수단이 한옥 호텔이 되고, 가장 최고의 호텔 서비스를 통해 한국을 알리고 싶은 꿈을 가지고 있다.

그러기 위해 준비되어야 할 자질과 역량을 키우고 자금을 모으는 과정 중에 있다. 2030년 한옥 호텔 오픈을 목표로, 시드머니를 모으기 위해 재테크를 열심히 배우는 중이다. 잘 알다시피 재테크란 재무와 기술(테크놀로지)의 합성어로 재물을 모으는 기술을 말한다. 재테크를 하는 목적은 잉여자금을 만들고, 이를 효율적으로 운영해 추가로 수익을 창출하기 위해서다.

수많은 투자 대상인 예·적금, 주식, 펀드, 부동산, 금이나 석유 같은 현물 투자, 코인 중 나는 코인에 조금 더 적극적인 투자를 한다. 재물을 모으는 테크닉 중 부지런히 공부하면 가장 좋은 결과물이 나올 수 있다는 판단에서다. 코인 시장은 새로운 분야이기에 누구나 똑같은 출발선에 서 있다.

가방끈이 짧든, 길든 상관없다. 블록체인 기반 위에 가상화폐에 대해 얼마나 많이 배우고 익혀서 내 것으로 만드냐에 따라 결과는 다르게 나타날 것이다.

내가 먼저 가상자산 메신저로 성공한 사람이 되어 다른 사람의 꿈이 되고 싶다

부동산이나 주식보다 가상화폐는 상대적으로 투자자가 적다. 신흥 시장이라 조언을 들을 수 있는 선배를 찾기도 쉽지 않다. 아주 초기 시장이라고 해도 과언이 아니다. 이런 시장일수록 하이 리스크 하이 리턴을 염두에 두고 조심스레 접근해야 한다.

앞에서 여러 번 강조했듯이 절대로 묻지 마 투자나 한탕주의로 접근해서는 안 된다. 제대로 공부해서 코인을 선택하고, 시간 속에서 숙성해야 큰 부자가 될 수 있는 기회가 주어진다. 경제적 자유의 기회가 부동산이나 주식보다는 빠르게 올 것이다. 그러니 조바심 내지 말고 천천히 실력을 쌓아가자. 그리고, 그 풍성한 열매를 먹을 수 있도록 부자의 그릇을 만들어가자.

잠시 긴 호흡을 하면서 내 나이 50이 되어 하늘의 뜻에 순응하며, 그 뜻을 이루어가는 모습을 상상해본다. 선한 영향력을 펼치며 사회에 공헌하는 50대가 그려지지 않는가? 나와 내 가정 그리고 이웃, 내가 속한 사회, 나아가 지구 환경과 도움이 필요한 사람들에게까지 영향력을 행사할 수 있는 작은 나비의 날갯짓처럼! 밤하늘에 빛나는 은하수의 수많은 별처럼 반짝반짝 빛나는 당신의 50을 응원한다.

어반그래니의 삶을
꿈꾸는 당신에게

어반그래니란 무엇일까?

자신을 꾸미고 가꾸는 데 돈을 아끼지 않는 세련된 노년 여성을 말한다. 어원은 영어로 '도시의'라는 의미의 '어반(urban)'과 '할머니'라는 의미의 '그래니(granny)'를 합한 말로 '멋지고 세련된 노년의 여성'을 뜻한다.

TM 시절 '어머니'의 롤 모델이 되어주신 분

콜센터에서 근무하던 시절, 전북 군산에 거주하시던 한 어머니를 잊을 수 없다. 어머니의 남편은 전북 한 대학교의 교직원이셨고, 슬하에 아들 2명이 있었다. 그 당시 큰아들은 노량진 학원에서 행정고시를 준비했고, 작은아들은 충남의 모 외국인·기업에서 근무하고 있었다.

타 지역에 있는 두 아들이 아침마다 전화로 문안 인사를 드린다고 했다. 목소리를 들으며 서로가 잘 있음을 확인하고, 오늘 하루 행복하게 지내라는 인사를 나눈다고 하셨다. 보기 드문 가족의 모습을 보며 전화선을 타고 인연을 맺게 되었다.

TM 센터에서 근무하면서 업무에 지칠 때는 가끔 전화를 드려 위로받곤 했다. 특히 큰아들이 사춘기로 접어들면서 집을 나가고, 어린 나이에 담배를 피는 등 나의 속을 뒤집어 놓을 때 위로가 되어 주셨다. "부모가 바로 살면 아이들은 돌아오더라. 안 아프고 건강하면 되었다" 하시며, 삶의 희망과 용기를 주셨던 어머니시다.

얼마의 시간이 흘러 우리 집 큰아들이 사춘기가 잡혀갈 즈음 어머니의 큰아들 결혼 소식이 들려왔다. 그동안 공부만 하느라 벌어놓은 돈이 없는 큰아들의 결혼식을 준비하는 어머니의 모습에 적잖이 충격을 받았다. 어머니께서는 서울에 신혼집을 구하라고 현금 3억 원, 고시를 포기하고 직장을 잡은 아들을 위해 승용차 구입비로 3,000만 원을 주셨다. 통 크게 쏘시는 어머니를 보며 나도 그런 능력 있는 엄마가 되고 싶었다.

결혼하고 얼마 지나지 않아 며느리가 임신했다는 소식도 들렸는데, 마침 명절이 가까운 때였다. 며느리에게 임신축하금 100만 원과 함께 교통체증으로 복잡하니 내려오지 말라고 하셨다고. 결혼 전에도 며느릿감이 군산에 오면 전주에 있는 백화점으로 데리고 가서서 원피스부터 신발까지 모두 사주시고, 밑반찬까지 정성스레 만들어 보내주시는 따뜻한 어머니셨다. 어쩌면 그리 며느리에게도 친딸처럼 잘해주실 수 있을까? 아들이 셋이나 되는 나는 이 또한 배울 점이라 생각했다.

자식들에게만 헌신하시는 것이 아니라 남편분과도 수시로 국내 전국 팔도를 다니시며 인생을 즐기셨다. 실제로 직접 뵌 적은 단 한 번도 없지만, 나에게 '어머니는 이 정도는 되어야'라는 표상을 보여주신 분이다. 지금 이 글을 쓰며 사무치게 그립고, 뵙고 싶다. 책이 나오면 들고 반드시 찾아뵈리라.

이탈리아 유학파 밀라논나

유튜브에서 유명한 이탈리아 유학파 밀라논나도 인생을 즐기고, 자신을 가꾸는 세련된 유학파 할머니다. 늦은 나이에도 자신이 하고 싶은 일을 하면서 당당하게 살아가는 능력 있는 도시 할머니의 모습을 보여준다. 젊은이들에게 도전하라는 좋은 본보기가 되는 유튜버이면서 좋은 아내, 좋은 엄마의 멋진 삶을 살고 계신 밀라논나도 어반그래니의 롤 모델이라 생각한다.

나도 어반그래니를 꿈꾼다

이분들을 보며 자연스레 어반그래니를 꿈꾸게 되었다. 변화를 두려워하지 않고, 배움을 통해 성장하며, 현재를 즐기고 감사할 줄 아는 행복한 부자의 꿈! 그리고 자기 계발에 진심인 4050 엄마들이 행복한 부자가 되는 길을 안내하는 웰슨트(wealth(부, 풍요로움) + docent(안내자))로서 세상에 기여하는 모습을 생생하게 그리고 있다. 주변 지인들과 함께 가상자산 공부를 위한 독서모임을 진행하고, 안전한 투자를 위해 미술품 투자와 부동산, 주식의 소액 투자 방법들을 공유하고 있다.

당신의 노후는 어떤 모습이기를 원하는가? 주변에는 몸짱 할머니로 건강하게 살고 싶어 늘 운동하는 사람도 있고, 힐링센터를 운영하고자 치유와 힐링을 주제로 공부하는 사람도 있다. 소중한 꿈을 어떻게 성취해갈지 미래를 그려가다 보면, 멋지고 세련된 노년의 삶에 어느새 가까이 가 있지 않을까?

당신도 포시즌 프라이빗 제트 전용기를 타고 세계를 누릴 수 있다

세계여행 어디까지 가봤나?

그동안 코로나로 묶여 있던 여행이 조금씩 풀리면서 많은 사람이 해외여행에 눈을 돌리고 있다. 세부에서 골프 리조트를 직접 운영하시는 분도 요즘은 밤샘 근무에도 행복한 비명을 지른다. 가까운 동생은 가족들끼리 유럽여행을 예약해놓은 상태다. 경제적 여유와 시간적 자유가 있을 때 가장 하고 싶은 1순위가 여행이 아닐까? 여행에 대한 동경은 코로나 팬데믹으로 인한 강제 폐쇄가 가져다준 반작용에 가까울 정도다. 억누를수록 튕길 힘이 강해지는 스프링처럼.

하얀 목화솜 같기도 하고, 하얀 눈밭 같은 하늘을 비행기를 타고 날아가면, 높이 있다는 느낌만으로도 감성에 젖는다. 주황빛으로 찬란하게 비치는 태양의 장엄함을 목격할 때는 천국에 있는 착각마저 들기도 한다. 비행기 안에서 바라보는 일출과 일몰은 하늘이 주는 선물이 아닐까?

우연히 김승호 회장님의 인스타그램을 통해 알게 된 포시즌 프라이빗 제트 세계여행! 회장님께서 결혼 30주년 기념으로 다녀오셔서 알게 된 럭셔리 세계일주여행 상품이다. 두 분만을 위해 일류 셰프와 전담 의사가 동행하지만, 여행할 때 전혀 방해되지 않도록 멀리서 서포트한다는 인스타그램 글을 보고 세상에는 이런 여행도 있구나 하고 감탄했다. 더구나 여행 중에 셰프가 한국인임을 고려해 김치를 공수해서 준비했다는 에피소드를 읽으며, 이런 세심한 배려를 받는 여행이라면 한 나라의 대통령도 부럽지 않을 것 같았다.

프라이빗 제트 투어

프라이빗 제트 투어는 호텔형 여객기를 타고 전 세계 포시즌스 호텔에 투숙하며, 세계여행을 즐길 수 있도록 포시즌스 호텔이 제공하는 초호화 여행 패키지다. 일명 '하늘 위의 5성 호텔'이라고 불리는 럭셔리 제트를 타고 여행하는 것이다.

기내 라운지는 동승하는 일류 셰프와 전담 의사뿐만 아니라 믹솔로지스트, 웰니스 테라피스트, 아트 큐레이터 등이 함께해서 특별한 여행을 선사한다. 다양한 경험을 제공하는 초호화 여객기로 떠나는 여행은 항공료와 교통비, 관광, 식사, 숙박 비용 일체를 포함해 1인당 1억 5,500만 원~2억 원 선에서 판매되고 있으니 웬만한 재력가가 아니면 꿈꾸기 어려울 듯하다.

출처 : 포시즌스 호텔

　나도 결혼 기념 30주년이 되는 2028년에 프라이빗 제트 투어를 꿈꾼다. 앞으로 남은 6년 동안 자산가로 성장해서 우리 부부뿐만 아니라 4명의 자녀와 함께. 또 그들이 결혼했다면 그 배우자까지 함께 갈 꿈을 꾸어본다. 가장 사랑하는 사람들과 제일 좋은 것을 공유하는 것만큼 행복한 일이 있을까? 상상만으로도 황홀한 세계여행이 될 것 같다. 누군가는 온 가족이 누리기에는 어림도 없는 허황한 꿈이라고 욕할지도 모르겠다. 그래도 꿈은 꾸어보고 싶다. 인스타그램에서 본 사진 한 장으로 알게 된 럭셔리 세계여행으로 가슴이 뜨거워지고, 새로운 꿈을 꾸게 되었으니 이 또한 감사하다. 이제부터라도 가상자산을 공부해서 투자하자. 당신도 포시즌 프라이빗 제트 전용기를 타고 세계를 누릴 수 있다!

가상자산, 당신이 놓치면 안 되는
세 번째 기회가 온다!

초판 1쇄 2023년 2월 28일

지은이 이서원
펴낸이 최경선　　　　　　　**펴낸곳** 매경출판㈜
기획제작 ㈜두드림미디어
책임편집 배성분　　　　　　**디자인** 노경녀 nkn3383@naver.com
마케팅 김성현, 한동우, 김지현

매경출판㈜
등록 2003년 4월 24일(No. 2-3759)
주소 (04557) 서울특별시 중구 충무로 2(필동 1가) 매일경제 별관 2층 매경출판㈜
홈페이지 www.mkbook.co.kr
전화 02)333-3577
이메일 dodreamedia@naver.com(원고 투고 및 출판 관련 문의)
인쇄·제본 ㈜M-print 031)8071-0961
ISBN 979-11-6484-520-0 (03320)